Nissim Castiel
do teatro da vida para o teatro da escola

1 COLEÇÃO MACUNAÍMA NO PALCO: UMA ESCOLA DE TEATRO

Edição de texto:	LARISSA FÉRIA
Revisão de provas:	ROBERTA CARBONE
Ilustrração de abertura	ARTISTA DE RUA DE HAVANA, CUBA, 2006.
Capa e projeto gráfico:	SERGIO KON
Produção	RICARDO NEVES, SERGIO KON, ELEN DURANDO E LUIZ HENRIQUE SOARES

Luciano Castiel
Debora Hummel
(orgs.)

Nissim Castiel
do teatro da vida para o teatro da escola

CIP-Brasil. Catalogação-na-Fonte
Sindicato Nacional dos Editores de Livros, RJ

N643

    Nissin Castiel: do teatro da vida para o teatro da escola / organização Luciano Castiel, Debora Hummel. - 1. ed. - São Paulo : Perspectiva : Teatro Escola Macunaíma, 2014.
    144 p. : il. ; 21 cm. (Macunaíma no palco: uma escola de teatro ; 1)

    ISBN 978-85-273-1026-0

    1. Castiel, Nissin. 2. Diretores e produtores de teatro - Brasil - Biografia. I. Castiel, Luciano. II. Hummel, Debora. III. Série.

14-18282   CDD: 927.92028
                                                                        CDU: 929:792.071.1

01/12/2014   01/12/2014

DIREITOS RESERVADOS À

EDITORA PERSPECTIVA S.A.

AV. BRIGADEIRO LUÍS ANTÔNIO, 3025
01401-000 SÃO PAULO SP BRASIL
TELEFAX: (011) 3885-8388
WWW.EDITORAPERSPECTIVA.COM.BR

2014

Sumário

Introdução:
Amigo Mestre e Artista
por Larissa Féria e Leandro Haberli
11

1. Juventude Política e Bolsa de Valores
21

Meu Pai, Bola de Borracha, Louco na Praça, Bandas Marciais, Orgulho do Pai, Cobra Catarina, As Noitadas, A Fonte de Inspiração dos Versos, Paixão Pela Freira, A Figura da Prostituta na Sociedade do Rio Grande do Sul, Prostitutas no Dia a Dia (Como Namoradas), Claire Kim, O Tango e as Putas, O Cabaré de Luxo em Porto Alegre, Libertação de Israel, Congresso Estudantil, Entrada Para a UNE, Último Dia em Porto Alegre, Ida Para o Rio, Virada na Vida, Greve na Mina, Sobre a Viagem de Navio, Pela Paz e Amizade, Discurso de Khrushchev, Questões Políticas (O Fim da Guerra), Turma do Vexame, Movimento Operário, Pensamentos Diferentes, Lembranças, A História da Carta e o Encontro Com Minha Esposa, Saída do Partido, Prisão, Dois Lados da Vida, Livros de Volta, Mudança Radical, Comunismo x Capitalismo, Sucesso na Corretora, Pequena História da Relação Com a Mãe e o Casamento das Tias, A Estética Desempata o Jogo Entre Dois Mestres, Filha na Alemanha

2. Guinada Rumo ao Teatro
    87
    A Importância do Curso de Oratória, Frio na Barriga,
    Mudança na Vida, Teste Final no Macunaíma, Pretensão,
    Macunaíma à Venda, Arrumando a Casa,
    Roberto Freire e a Importância da Expressividade Corporal,
    Método de Ensino, Análise Ativa, Alunos Marcantes,
    Pedagogia Aplicada à Arte-Educação, Renascimento, Dragão,
    Peças Marcantes e Exercícios de Futurologia,
    As Escolas do Macunaíma, Tela de Galinheiro,
    Teatro no Mundo, Espanhol, Clima Despojado

3. Homenagem: Depoimentos
    121

Introdução

Amigo, Mestre e Artista

Como quase toda boa coletânea de memórias, *Nissim Castiel: Da Escola da Vida Para a Escola do Teatro* é um livro que se lê de um fôlego só. Não porque seja curto, ou apresente linguagem simplista. Autobiográfico e escrito de próprio punho nos últimos anos da vida de seu Nissim, como nossa personagem/autor era afetuosamente chamada, o livro apresenta profundas lições de respeito, espiritualidade e amor à vida. Memórias, enfim, dignas de um dos grandes profissionais de teatro do país.

Nissim Castiel nasceu no Rio Grande do Sul, em 1937, e morreu em São Paulo, em 2010. Foi figura central na trajetória do Teatro Escola Macunaíma. Sua história se confunde com a da própria instituição, reconhecida como uma das melhores do país. Muita gente pensa até que Nissim fundou o Macunaíma. Engano. A escola surgiu em 1974, da iniciativa de professores que sofriam censura nas universidades. Eles buscavam um espaço onde pudessem debater as artes cênicas e a cultura de um modo geral. Essa atmosfera atraiu a alma mutante de Nissim, que chegou para a sua primeira aula de teatro de terno. Na ocasião, era dono de uma corretora na Bolsa de Valores, já tinha sido presidente da UNE (União Nacional dos Estudantes), além de membro do Partido Comunista. Nos anos de 1980, já envolvido de corpo e alma com o teatro, Nissim, de aluno, acabou virando dono do Macunaíma. Assumiu a escola em meio a dívidas e com poucos alunos. Em curto tempo o Macunaíma reviveu.

Reunir em livro as memórias dessa personagem única exigiu esforço colaborativo. *Nissim Castiel: Da Escola da Vida Para a Escola do Teatro* foi feito a dezenas de mãos. Sua publicação remete a uma verdadeira saga. Nissim decidiu reunir suas memórias por indicação de uma amiga, quando já estava doente, acometido de insuficiência renal. Ele escrevia de próprio punho e pedia a alguém da escola digitar. Depois reescrevia e pedia para alguém ler. Já bastante debilitado, contratou o dramaturgo Heron Coelho para ajudá-lo. Uma vez por semana, se encontravam e Nissim contava suas histórias, que eram transcritas. Surgiu um grande laço entre ambos, que, além de compartilhar muitas emoções, estavam igualmente doentes.

Quando Nissim morreu, Heron se recusou a entregar os textos, aos quais havia se apegado. Após idas e vindas, finalmente as transcrições foram encaminhadas aos seus familiares.

– A publicação desse livro era uma questão de honra. Além de uma maneira de manter viva a filosofia de Nissim e seu legado no Macunaíma – sintetiza Luciano Castiel, filho de Nissim e responsável pela área administrativa do teatro escola.

As memórias de Nissim têm potencial para agradar os mais variados perfis de leitor, desde os que nunca ouviram falar nele até os inúmeros amigos de convívio diário.

Judeu nascido em 8 de junho de 1937, Nissim cresceu numa família gaúcha de origem turca. Seu pai, Moises Castiel, tinha quase sessenta anos quando a mãe, Joia Castiel, deu à luz a ele. A infância foi marcada pela Segunda Guerra Mundial. Em sessões diárias de rádio, o pai de Nissim acompanhava com grande preocupação o avanço dos nazistas pela Europa. Havia um temor concreto de que aquele pesadelo pudesse chegar ao Brasil e até mesmo ao Rio Grande do Sul. Por isso, a derrota do Eixo pelos Aliados foi especialmente comemorada no lar dos Castiel.

Vencida a ameaça, Nissim passou a gozar dos prazeres de sua juventude. Além de frequentar um grupo de poesia e nutrir um amor platônico por uma freira, que inspirou muitos versos de sua juventude, o futuro teatrólogo tornou-se assíduo frequentador dos cabarés de Porto Alegre. Ele chegou a manter um relacionamento sério com uma encantadora dama.

Todas as aventuras da juventude foram acompanhadas pelo amigo Léo Schames. Como eram muito jovens, quando queriam ir aos bordéis, saraus de poesia ou mesmo acampar com suas namoradas, ambos falavam para seus pais que iam dormir um na casa do outro.

– Eu imitava tão bem a voz do Nissim, que sempre que a sua mãe ligava para minha casa, ela engolia – diverte-se Léo.

A amizade continuou mesmo depois da ida de Nissim para o Rio, quando foi indicado à presidência da UNE. Idealista, deixou o conforto da casa dos pais, os amigos e a namorada para lutar por seus ideais e propósitos. Nissim tornou-se membro do Partido Comunista e, acompanhado de uma comitiva de jovens brasileiros, chegou a incursionar pela Europa, nos anos de 1950, participando de atividades do partido. Esteve em países como União Soviética, Polônia, Espanha, Finlândia e França.

Nos anos de 1960, decidiu vir a São Paulo cursar Direito e trabalhar com seu irmão em um clube de campo. Foi em São Paulo que Nissim conheceu Eva, mulher com quem foi casado a vida toda. Eles se uniram em 1965 e tiveram três filhos: Joyce, Andréia e Luciano.

Enquanto estudava na Faculdade de Direito do Largo de São Francisco, Nissim começou a trabalhar em um clube de campo, de propriedade de seu irmão, chamado Santa Mônica. Sua função era vender títulos sociais. Rapidamente, se tornou o melhor vendedor e logo em seguida gerente de vendas. Tal desempenho o alçou a sócio do irmão nesse e, posteriormente, em outros negócios.

Um deles foi o primeiro consórcio de veículos do Brasil, que montou com o mesmo irmão após decidir diversificar os negócios. Há um detalhe revelador da alma ousada de Nissim nesse episódio. Ele acreditava tanto no negócio, completamente novo para a época, que chegou a penhorar o apartamento onde morava, para investir em peças publicitárias veiculadas em horário nobre na televisão. A estratégia deu certo. O lançamento do consórcio foi um sucesso. No primeiro dia, a fila dava voltas no escritório.

Capitalizados, os dois irmãos decidiram enfrentar o mercado financeiro e montaram uma corretora de valores na Bolsa de São Paulo. A corretora nomeada Prósper fez muito sucesso, chegando a se tornar a terceira maior da cidade.

Enquanto a perspicácia e sagacidade de Nissim lhe asseguravam próspero retorno no mundo dos negócios, sua frustração com os rumos autoritários que começou a detectar no comunismo o levou a abandonar o partido.

Mais ou menos nessa época, Nissim começou a perceber com mais claridade que o mundo dos negócios não era suficiente para satisfazer suas aspirações humanas. Por indicação de um professor de oratória, Nissim procurou o Teatro Escola Macunaíma.

— Ele era da área financeira e chegou de terno e gravata na escola. Na época, o Macunaíma era um centro de estudo que ia além do teatro. O curso Básico era de sensibilização e liberação — rememora Sylvio Zilber, fundador do Macunaíma.

O curso mudou bastante a cabeça de Nissim.

As primeiras experiências no teatro iam bem quando, em 1974, o irmão de Nissim quis abrir um banco. Nissim não se entusiasmou com o convite do irmão e a sociedade acabou se desfazendo. Sem desanimar, Nissim decidiu trilhar um caminho profissional independente.

Inicialmente foi funcionário da Casa das Máquinas, um fabricante de relógios. Depois foi chamado para trabalhar numa empresa de planos de saúde chamada Clinic, que vinha dando prejuízo há anos. A promessa era tornar Nissim sócio da empresa se ela saísse do buraco.

Após poucos meses com Nissim participando das decisões, a Clinic voltou a dar lucro. Mas o trato não foi cumprido. Nissim ouviu de seus contratantes que ele tinha muito pouco tempo de casa para se tornar sócio. Seguiu, então, como administrador, pois precisava trabalhar. Mas uma reviravolta estava para acontecer.

Ocorre que o maior cliente da empresa era o Grupo Silvio Santos, que decidiu adquirir uma parte dela. Ao analisar balanços recentes, Silvio, em pessoa, constatou que o desempenho financeiro dera uma guinada repentina. O "Homem do Baú" quis, então, mais informações sobre aquela recuperação espetacular. Quando soube que Nissim fora o responsável pelo feito, decidiu que só entrava no negócio tendo-o como sócio.

– Ele teve um problema na perna enquanto jogava vôlei de praia. Não conseguia andar. Chegou a ir a 32 médicos, sem sucesso. Até que uma curandeira disse que a única pessoa que poderia ajudá-lo era o médico homeopata Almeida Prado – conta Eva.

Prado fez um tratamento baseado em acupuntura e Nissim acabou realmente se curando. Depois que se recuperou, começou a fazer RPG com a terapeuta Anna Verônica Mautner, que um dia disse-lhe:

– Chega de mamar no peito dos outros. Agora você vai ensinar.

Anna indicou um paciente para Nissim. O tratamento foi um sucesso e rapidamente outras pessoas buscaram ajuda com ele. Nissim aplicava exercícios corporais originários do teatro, obtendo resultados excelentes com a técnica. Quando se deu conta, estava totalmente envolvido com esse trabalho. Para se aprimorar, chegou a ir a Buenos Aires, onde estavam os melhores terapeutas da época. Ele também praticava *holfing*, técnica que trabalha a integração entre os diferentes segmentos do corpo.

– Ele ficou enlouquecido com esse trabalho, que mexe muito com a pessoa, mas era muito caro. Na época, ele me perguntou se queria viajar nas férias ou fazer *holfing*. Eu fiquei com a segunda opção – conta Eva.

Foram sete anos trabalhando com terapia corporal. Nissim tinha uma espiritualidade muito forte e se envolvia de corpo e alma em tudo o que fazia. Estudou I Ching com um monge e sabia ler muito bem as interpretações do milenar oráculo chinês.

Antes de decidir comprar o Macunaíma, Nissim trabalhou com teatro de bonecos, em conjunto com Ana Maria Amaral. Um amigo em comum, o Zé dos Móbiles, os apresentou.

Ana comentou com o Zé que não podia trabalhar com Nissim, porque ele era de outro nível social. Mas Zé respondeu:

– Imagine, é tudo herança. Ele não tem um puto – contou Eva.

Superada a resistência inicial, Nissim trabalhou por dois anos com Ana Maria Amaral e chegou a viajar para o México. As apresentações do teatro de boneco deles não eram para crianças. Abordando as usinas nucleares, a peça era voltada ao público adulto.

Mas Nissim ainda não havia encontrado um caminho a seguir. Isso só aconteceria quando Sylvio anunciou que se mudaria para o Rio de Janeiro e venderia o Macunaíma. Após muita reflexão interior, Nissim comprou a escola de teatro, que estava atolada em dívidas e com poucos alunos.

– Eu o chamei de camicase. Ele respondeu que queria fazer alguma coisa que unisse política, economia, filosofia e arte. De fato, o Macunaíma era o lugar certo para isso – reconhece Eva.

O começo foi conturbado. A diretora e a coordenadora haviam pedido demissão. Nissim resolveu chamar o professor Carlos Tamanini para ser o novo coordenador. Tamanini havia estudado o método de ações físicas, criado pelo diretor e escritor russo Constantin Stanislávski, na Universidade de Chicago. Sempre aberto a novidades, Nissim se interessou pela técnica e decidiu adotá-la na escola.

Em 1990, ao participar de um seminário em Londrina, conheceu a russa Elena Vassina e a convidou para fazer palestras e dar aulas no Macunaíma. Foi por intermédio de Elena que a escola trouxe o também russo Adgur Kove para ensinar o método a professores e alunos. As resistências iniciais foram superadas. Após erros e muitos acertos, o Macunaíma reviveu e se mudou para uma sede maior (na rua Adolfo Gordo, bairro Campos Elíseos, centro de São Paulo), onde está até hoje.

Além do teatro, Nissim tinha paixão pelas partidas semanais de pôquer com os amigos.

– Era excelente jogador – conta o amigo e parceiro Isaac.

Além das jogatinas semanais, estudava pôquer a fundo e participava de campeonatos, ganhando alguns deles.

— Esse jogo é de sorte. Azar é sentar-se numa mesa com quem estudou — costumava dizer.

Já no fim da vida, quando ficou internado um mês, jogava com os médicos e enfermeiros do hospital. Outro parceiro foi Valde Guertman. Eles se conheceram em um hotel em São Pedro durante as férias.

— Demos uma surra no pôquer e acabamos oferecendo um jantar para retribuir o que ganhamos deles — brinca Valde. Daí surgiu uma amizade, que rendeu outras viagens e partidas.

— Era um dos amigos que mais víamos.

Os jogos sempre atraíram a atenção de Nissim. Na juventude chegou a ganhar um campeonato de futebol de botão com o amigo Léo. Também adorava cassinos e passava noites e noites jogando, mas nunca perdeu dinheiro.

— Ele falava: "Vou ao banheiro mijar no dedo para dar sorte" — lembra Eva.

Em uma ocasião em Las Vegas, Nissim passou quatro dias e quatro noites jogando sem parar. Como não falava inglês, só comeu melão nesse período. *Melon* era uma das únicas palavras que conhecia.

Excelente contador de histórias, Nissim não perdia uma boa conversa.

— Em nossos encontros semanais, conversávamos sobre as vivências que tivemos enquanto militantes de movimentos juvenis, as leituras, a apreciação da vida mundana, as famílias, o gosto pelo futebol e pelo teatro. Era um diálogo permanente. Era tradição nosso jantar a dois no restaurante Roma, em Higienópolis. O garçom Celestino já sabia o que íamos pedir — conta o amigo Aron Kremer.

A raiz socialista e os valores de solidariedade sempre estiveram presentes na vida de Nissim. Isso ficou claro ao longo de todo o período à frente do Macunaíma.

— Ele acreditava que a arte deve ser para todos. Essa foi sua grande batalha — conta Debora Hummel, responsável pela parte pedagógica do Macunaíma.

Mesmo sob críticas de muitos professores, ele sempre foi contra a adoção de processo seletivo para os alunos da escola.

– Ele dizia: "Que culpa a pessoa tem se não sabe ler e escrever? A culpa é do sistema, que é falho" – completa Debora.

Enquanto o teatro se consolidava, a saúde de Nissim começava a ficar debilitada. Em 1991, após uma ponte de safena, Nissim decidiu mudar o estilo de vida. Mesmo assim, em 1994, após voltar de uma viagem com o amigo Aron por Israel e Paris, teve uma crise renal que o obrigou a fazer hemodiálise e um transplante de rim. Apesar dos problemas físicos, a mente continuava plenamente ativa. Nissim fazia questão de participar das reuniões e decisões no Macunaíma. A situação só mudaria nos últimos dois anos de vida, quando ele deixou a gestão administrativa do Macunaíma sob os cuidados do filho Luciano e de Debora.

Já próximo do fim, Nissim escreveu uma carta liberando os professores a incluir suas pesquisas pessoais no método adotado na escola.

– Até então ele mantinha com mãos de ferro a interpretação que tinha do método. No dia 1º de janeiro de 2009, porém, ele me ligou e pediu para eu encontrá-lo. Deu várias orientações e disse que a partir daquele momento, todos eram cuidadores do Macunaíma. Alegou que os professores já tinham maturidade suficiente para agregar suas pesquisas pessoais ao método da escola – resume Debora.

Nissim também deu aval para Luciano e Debora investirem na expansão da escola, que hoje conta com várias sedes em São Paulo.

Foi preciso contratar mais professores e fazer um curso de formação desses profissionais. Nissim fez questão de participar. Ele sempre teve uma aproximação muito grande com os professores. Já doente, chamou cada um para conversar em sua casa.

Mesmo bastante debilitado, Nissim não deixou de participar da viagem semestral de imersão cultural e convívio social com os professores e funcionários do Macunaíma. Nem a hemodiálise o impediu.

– Em Itatiba, no Hotel Green Gold, tivemos uma tarde para fazer "esquibunda", na montanha, com uma lona e água com detergente. O Nissim não podia participar, mas a vontade dele era tanta que se divertiu à beça apenas empurrando os professores e jogando água com sabão na lona. Foi muito divertido! Lembro-me até hoje da expressão de alegria e entusiasmo dele, brincando com a gente – conta a professora Ariane Moulin.

Mesmo com ordens médicas para se internar, Nissim participou de um encontro no Macunaíma e falou por duas horas e meia com os alunos e os professores.

– Ele estava com pouca energia para subir as escadas da sala dos professores. Foi um esforço gigantesco. Apesar das recomendações médicas e do seu estado de saúde, Nissim cumpriu seu encontro com os alunos. O encontro foi radiante – lembra o diretor teatral Paco Abreu.

Foi assim até 12 de maio de 2010, quando o coração do seu Nissim parou de bater. Mas seu legado continua. Hoje o Macunaíma é gerido de forma compartilhada, sendo uma das principais escolas de teatro do país. Essa posição de destaque dificilmente teria sido alcançada sem a generosidade, sensibilidade e determinação de seu Nissim, um artista com a alma em eterna mutação.

Boa leitura.

Larissa Féria
Leandro Haberli

1.

Juventude Política
e Bolsa de Valores

Meu Pai

A mais forte lembrança que tenho de meu pai é vê-lo debruçado sobre o grande rádio Telefunken instalado no quarto onde a família sempre se reunia. Era muito acolhedor. Ali eu sentia mais segurança do que em qualquer outro lugar. Duas grandes janelas davam para a rua, ladeadas por dois grandes sofás de três lugares. Em um deles dormia a minha avó materna. No outro, a minha prima, dois anos mais velha do que eu. Fomos criados como irmãos.

Minha mãe costumava costurar ou bordar, minha tia e minha avó tricotavam e cerziam meias. Todas sempre muito quietas, sentadas nos mesmos lugares dos sofás, muito concentradas e com um ouvido no rádio. O som do rádio era baixo e havia aqueles ruídos tradicionais a impedir que uma pessoa, ainda que apenas um pouco distante, tivesse qualquer possibilidade de ouvir. Apenas meu pai escutava. Aqueles olhares de quem presta atenção eram mais uma homenagem à importância do que estava sendo dito pelo locutor, do que propriamente uma tentativa verdadeira de escutar. O silêncio também era em sinal de respeito ao meu pai, para tentar não interromper sua atenção.

Minha prima Rosita e eu ficávamos em volta da mesa oposta à janela, próxima do rádio. Fazíamos lição de casa e desenhávamos. Ou apenas ficávamos entretidos com algum jogo de dados ou palavras. O importante é que não fizéssemos barulho. Nosso silêncio era ainda maior quando meu pai desligava o rádio e contava os principais acontecimentos do dia nos confrontos da Segunda Guerra, iniciada em 1939.

Meu pai ouvia a Rádio BBC de Londres e as transmissões de Berlim, ambas em espanhol. Havia muita interferência e fortes ruídos, tanto numa como noutra. Muitas vezes, as deficiências técnicas eram propositais. Cada lado tentava evitar que suas notícias fossem captadas pelo inimigo.

Durante anos intermináveis o relato de meu pai foi bastante triste. Dia após dia, escutávamos que o lado para o qual estávamos torcendo estava perdendo. Apesar de meu pai manter o otimismo, eu sentia que a atmosfera era cada vez mais dramática. Depois de apresentar em detalhes todo o noticiário – hoje percebo que ele tinha esta capacidade –, ele se retirava daquele quarto e ia dormir. Não era apenas um simples relato, diria que era propriamente um comentário que ele fazia.

– Uno tiene que oir los dos lados, él dijo, cada uno quiere hablar de las cosas de la manera que más le convenga. Los ingleses… Los alemanes… Están ciertos que hablan la conosco. Siempre hay guerras por ahí[1] – dizia.

No verão as janelas ficavam abertas. No inverno, fechadas. Especialmente no frio inverno de Porto Alegre havia um cuidado rigoroso com os detalhes. Mesmo no verão, a rotina e os preparativos para as sessões noturnas de atualização sobre a Segunda Guerra foram a primeira lição ritualística da minha vida. Foram muitos anos, quase todos os anos da minha infância.

---

[1] "Alguém tem que ouvir os dois lados, ele disse, cada um quer falar das coisas da maneira que lhe convém. Os ingleses… os alemães… estão certos do que falam conosco. Sempre há guerras por aí."

O tom dramático de meu pai, aos poucos, foi aumentando. Terminava dizendo algumas palavras otimistas, mesmo porque minha mãe não continha as lágrimas, e lastimava muito "aquellos coitados". No início meu pai sentava numa cadeira de balanço. Um dia disse:
— No quiero más esta silla.
— ¿Por que? Está tan buena² — perguntou minha mãe.
— Sabes, Joya, um jogador não pode ser supersticioso porque dá azar. Eu joguei com a minha vida o tempo inteiro, mesmo depois de casado continuei jogando. Mas agora estou ficando velho — tinha quase sessenta anos quando eu nasci — e não tenho mais vontade de correr tantos riscos. Posso, então, começar a ser supersticioso. Essa cadeira está dando azar, não quero mais ouvir o noticiário com ela — respondeu.

A cadeira de balanço sumiu e no seu lugar apareceu uma larga cadeira de vime com uma almofada azul. As noites foram se sucedendo até que numa noite de inverno meu pai levantou-se com uma solenidade especial. Sem sair do lugar, olhou o infinito através de uma janela e ficou ali parado sem dizer palavra. Todas as atenções se voltaram para ele. Senti a força daquele silêncio. Ninguém se mexia, ninguém fazia nada, inclusive nós, as crianças. Não havia suspense, estava claro que algo extraordinariamente calamitoso se abatera sobre o meu pai. Ainda assim, ele me parecia alto e forte, um gigante que se preparava para soltar um uivo ou um grito de guerra. Entretanto, não disse nada, não fez nada. Ao cabo de um tempo que me pareceu interminável, balançou levemente a cabeça.
— Todo macana...³

Saiu lentamente do quarto fechando atrás de si a porta. As pessoas da minha família se movimentaram, com pequenos gestos de acomodação. A minha mãe levantou-se e saiu do quarto atrás de meu pai. Ficamos ali, quietos, momentos solenes, plenos de importância e apreensão. Eu tive muito medo, pensei que meu

▪▪▪
2 "Não quero mais esta cadeira. / Por quê? Está tão boa."
3 "Tudo é uma asneira, uma bobagem, um embuste, um engano."

pai ia morrer. Olhei para a minha tia, depois para a minha avó. Elas tinham voltado ao seu trabalho costumeiro, mas com os corpos encurvados de forma estranha, como que abatidas pelo peso da desgraça. Minha prima jogava dois dados com um copinho de couro. Mal os dados paravam, já os apanhava de novo, com tamanha rapidez, que eu não tinha tempo de somar os dois. Não movimentava as pedras de nenhum jogo. Nunca perguntei o que fazia. Acho que mentalmente dizia-se: "Se sair um número maior do que 6, tal coisa vai acontecer, se não, vai acontecer aquilo."

Quando minha mãe voltou, com a voz embargada, pronunciou a sentença:
— La Francia cayó[4].

Bola de Borracha

Nas ruas, o assunto era a guerra. Lembro-me de uma campanha feita pelo governo para coletar borracha, que seria reciclada. Era uma campanha ditada por necessidades nacionais. Minha mãe me disse para levar uma bola de borracha, que estava um pouco rasgada, e entregá-la como colaboração. Era a única bola que eu tinha, não quis levar. Minha mãe colocou as suas duas mãos no meu rosto, me beijou e insistiu:
— Esta pelota no sirve más[5].
— Só se tu me comprar outra — retruquei.
— Que valor tiene esto? Yo nací en Turquia, vine aqui y el Brasil me acogió. Yo quiero mucho a este país, aqui nacieron todos mis hijos. Tu eres brasileño... Oye, hagas tu dever[6] — disse.

...
4 "A França caiu."
5 "Esta bola não serve mais."
6 "Que valor tem isso? Eu nasci na Turquia, vim para cá e o Brasil me acolheu. Quero muito bem esse país, aqui nasceram todos os meus filhos. Você é brasileiro. Escuta, faça o seu dever."

O menino Nissim, no Rio de Janeiro, em 1947.

– Mãe, eu não vou levar – respondi.

Alguns dias depois, a pequena bola rasgou completamente. Achei que era melhor não pedir outra naquele momento; só ganhei outra meses depois. Como sempre ia sozinho da minha casa até a praça da Alfândega, peguei as duas metades da bola e para lá me dirigi, pois o ponto central da coleta era ao lado da praça.

No caminho, olhava muito orgulhoso para as pessoas que passavam querendo que elas soubessem o que eu iria fazer. Na medida do possível, procurava exibir meu donativo. Quando percebi que era inútil, ninguém olhava, nenhum sorriso, coloquei os restos da bola no meu bolso. Mesmo assim não perdi a altivez e, com passo firme, fui em frente, mais ou menos como se estivesse marchando numa parada para comemorar uma vitória.

Todos os tipos de borracha velha formavam uma imensa montanha. Destacavam-se os pneus e as câmaras. Como poderia aquele lixo ser útil para alguma coisa? Olhei as pessoas que por ali se aglomeravam, querendo que todas vissem o meu gesto. Com toda a solenidade possível, joguei a minha preciosa bola, agora reduzida a dois pobres pedaços. Alguém atrás de mim parece que adivinhou meu pensamento.

– Che, o que os caras vão fazer com isso?
– Porra, tu não ouviu que tá faltando borracha?
– Como pode uma coisa destas, se o Brasil é o maior produtor de borracha do mundo?
– Porra, tu não ouviu o Repórter Esso?
– O pessoal lá de cima vai por a mão grande em cima disto tudo.
– Caralho, se fosse ouro, acredito, mas essa merda...

Ninguém olhou quando joguei os pedaços. Assim mesmo, saí dali com a firme convicção de estar ajudando o Brasil.

Louco na Praça

Numa tarde dos anos de 1940, voltava para casa quando uma pequena multidão seguia um estranho homem de barba que caminhava carregando uma escada. Era uma dessas escadas comuns de madeira, que abrem para os dois lados. Chegando na praça da Alfândega, bem no centro de Porto Alegre, o homem abriu a escada e subiu três degraus. Em seguida, apoiou-se com um braço em volta da escada. Olhou solenemente em volta, parecia pretender penetrar os olhos de cada um de nós. Nos seus olhos ardia uma chama da qual até hoje me recordo.

– Venho em nome do Todo Poderoso – disse com voz forte e clara. Essa declaração surtiu o efeito do terceiro sinal no teatro.

– Nas igrejas se fazem orações – prosseguiu, pedindo a bendição das almas dos soldados.

– Não é apenas uma bendição que pedem ao Trono de Deus, também é uma maldição, que é invocada ao estrangeiro inimigo. Lá, no estrangeiro, também os servos da igreja fazem o mesmo, invocando uma maldição sobre nós. Cuidado – completou. Refleti sobre isso: "todas as súplicas chegam aos ouvidos do Senhor. Quando pedimos ao Senhor que nos dê a vitória, estas palavras não necessitam de explicação. Para elas não pairam dúvidas: que nossos jovens queridos saiam de nossos lares e vão para a batalha e façam fugir dos campos de honra os soldados inimigos, que o estrondo estonteante do fogo da artilharia aniquile o inimigo e a fumaça encubra os seus cadáveres insepultos. Em seguida, pelos mares dourados da glória, virão para suas casas como heróis aclamados pelos parentes e amigos. Talvez até provocando a inveja daqueles que não tinham filhos lutando em defesa da bandeira, retornando como heróis ou tendo a mais nobre de todas as mortes".

– Essa súplica era para que Ele pusesse sua mão poderosa em defesa de nossos soldados na hora do perigo. Para que os tornasse fortes e corajosos, invencíveis na sangrenta prova – disse.

— Que o Todo Poderoso nos dê a vitória — repetiu.
Houve um breve silêncio. Seus olhos já não visualizavam a cada um que ali permanecia. Seus olhos visualizavam as próprias palavras que iria proferir:
— Eu estava sentado à direita do Trono de Deus, quando ele me pediu que fosse mensageiro de que a todos escuta. O estrangeiro assim se dirigiu ao Senhor: "nossos jovens são patriotas, vão à batalha como ídolos, deixam o doce amor de suas mães para destruir o inimigo. Imploramos a Ti, Todo Poderoso, que possam nossos soldados dizimar os soldados do inimigo com o fogo de nossos canhões. Que as nossas granadas dizimem seus exércitos e façam gemer de dor as inocentes viúvas e humildes mães, que os sobreviventes vagueiem pelos campos desertos sentindo frio e fome no inverno. E no verão sintam sede e a chama do sol" — falou.
— Quando pedimos a vitória, é isso que estamos pedindo? É isso que nós queremos? Vamos mandar nossos jovens ao Campo de Marte e como na Roma dos Césares, fazer que digam antes de embarcar "Salve Imperador! Aqueles que vão morrer te saúdam" — repito:
— Sou mensageiro de Deus para lhes fazer esta pergunta.
Desceu em seguida os degraus da escada, sem esperar resposta, e tomou seu caminho. Logo correu entre todos que ali estavam a notícia de que aquele homem era um louco fugido de um hospício.
As pessoas foram pouco a pouco se dispersando. Eu fiquei algum tempo parado. Quando todos haviam se retirado, vi que o pano de fundo deste episódio era uma estátua equestre do General Osório, com uma espada em punho. Havia — creio firmemente que ainda está lá — uma grande pedra de granito sustentando o cavalo. Nela, escritas com cinzel, palavras ditas alguma vez pelo General: "O dia feliz da minha vida seria aquele em que me dessem a notícia de que os povos civilizados confraternizam a paz queimando seus arsenais."

Bandas Marciais

O país estava em armas. As ameaças pairavam no ar, viviam-se momentos de enorme excitação. O fogo sagrado do patriotismo ardia no meu peito. Escutava exaltado as bandas de música que passavam tocando canções marciais. Os estudantes desfilavam nos seus uniformes vistosos. Os tambores, ah os tambores!, como eu adorava o seu retumbar. Quando as bandas passavam, o povo se postava de forma a abrir espaço. Havia mais do que respeito, havia admiração. Sempre que tocavam músicas, passavam marchando. Eram grupos de oitenta, cem. Isso mesmo quando não era 7 de setembro. Se fosse esse o caso, tornavam-se incontáveis. Passaram-se muitos anos para que eu visse no cinema os desfiles nazistas com as multidões conhecidas. Quando as bandas passavam, eu não conseguia resistir. Ia atrás, ao lado, como fosse possível, desde que pudesse escutá-los. Posso estar enganado, mas juro que havia nas janelas e sacadas um ondular interminável de bandeiras brilhando ao sol.

As aglomerações eram constantes no centro da cidade. Pessoas discutiam acaloradamente. Muitos faziam discursos para as pessoas que passavam. Também havia pequenas tribunas de madeira, para onde líderes de alguma coisa se dirigiam, conclamando a vitória. Claro, sempre em defesa da pátria, que é nossa mãe comum. Esta oratória patriótica exerce sobre mim um fascínio que agitava o mais profundo do meu coração.

Orgulho do Pai

O Brasil não se alinhava a nenhum dos lados. Getúlio Vargas balançava suas preferências, ou pelo menos assim parecia. No Rio Grande do Sul havia duas grandes colônias de imigrantes. Uma proveniente da Itália, outra da Alemanha. Justamente dois países

No Colégio IPA de Porto Alegre, em 1952.

do Eixo, denominação da aliança contrária aos Aliados. Certo dia, ouvi minha mãe dizer, preocupada:

– Mois está ahí metido en un movimiento para apoyar este que salió de Francia y está en Inglaterra. No sé porque, pero a mi no me gusta esto. Ya te dije, no te metas n'esto, pero no me oye[7].

Era a primeira vez na minha vida que escutava uma crítica de minha mãe a respeito de meu pai. Somente alguns anos depois, entendi que minha mãe referiu-se ao Comitê de Apoio ao Governo Francês no exílio, chefiado pelo general Charles de Gaulle. Fiquei muito orgulhoso de meu pai. Não conheci nenhuma outra pessoa que tenha participado deste movimento. Compreendi também porque repetia tantas vezes que, enquanto a França estivesse ocupada, não haveria justiça nem liberdade no mundo.

Depois, de forma difusa, surgiram notícias do massacre de judeus em campos de concentração, que estavam sendo perseguidos por todos os países da Europa. Também me lembro da angústia de meu pai falando do avanço das tropas de Hitler pelo Leste. Especialmente dizia não compreender por que os Estados Unidos não entravam na Segunda Guerra. Boatos de submarinos alemães nas costas brasileiras, exercícios de *blackout* nas noites, desfiles militares, agitação nas ruas, meus pais cada vez mais preocupados com os rumos da guerra, com o destino de seus parentes e amigos que haviam ficado na Europa. A guerra logo chegaria à minha Porto Alegre.

Cobra Catarina

No meio de uma praça, um grupo grande de pessoas se agitava e gritava. Corri para lá, a tempo de ouvir o homem que ali falava.

---

7 "Mois está metido em um movimento para apoiar este que saiu da França e está na Inglaterra. Não sei por que, mas eu não gosto disso. Já te disse, não se meta nisso, mas não me ouve."

— E agora meus senhores e minhas senhoras, eu vou mostrar para todos vocês a cobra que dança e o lagarto que fala — disse.

No chão estavam dois grandes cestos, um redondo, o outro retangular, ambos fechados com tampas de vime, mesmo material dos cestos.

O homem voltou a falar:

— Abram a roda, abram a roda, que esta cobra é perigosa. Atenção, minha senhora, um passinho mais para trás. O cavalheiro ali de branco... Obrigado pela cooperação.

De fato, a roda se ampliou e o número de pessoas, que já era considerável, aumentou muito. Como eu era criança, fui ficando ali pela frente daquela grande arena.

— Eu sabia que o povo gaúcho não faltaria com a sua costumeira educação. Agradeço a colaboração de todos e de imediato vamos mostrar a todos vocês a cobra Catarina — falou.

Repetiu toda a ladainha e caminhou em direção ao cesto redondo. Apenas entreabriu de forma eminente o tampo, abaixou-se e olhou bem de perto pela pequena abertura.

— A cobra ainda está dormindo. Ela não pode ser acordada de repente, fica muito feroz. Na verdade, ela vem de uma grande turnê pelas principais capitais do mundo, onde seu sucesso foi indubitável e por isso está cansada. Permitam-me, enquanto ela não acorda, apresentar a todos vocês... — continuou.

Mostrou algo parecido com um sabonete, que foi desembrulhando enquanto falava sobre aquela pasta balsâmica amazonense, feita à base de carnaúba, plantas tropicais e sebo de gola. Tomou de um grande pano branco, um pouco encardido e, enquanto falava, jogou tinta azul de um tinteiro sobre o pano, que ficou completamente manchado.

— Não requer prática, nem tampouco habilidade. Qualquer criança dos nove aos noventa anos poderá fazer, porque é uma simples brincadeira. Basta friccionar um pouquinho desta pasta maravilhosa — explicou.

Enquanto falava, esfregou bastante aquele produto no pano, jogou num balde com água que estava ali no chão e, após outra

esfrega, apertou o pano para que a água escorresse. A seguir abriu o pano sem nenhuma mancha azul:
— Dou-lhe uma, dou-lhe duas, atenção senhoras e cavalheiros, dou-lhe três. Pronto, desapareceu a mancha — mostrou.
— Este produto, nas lojas de comércio, farmácias e drogarias, é vendido à razão de 10, 12 e até 15 mil réis. Como propagandista da fábrica, estou autorizado a vender por apenas 4 mil réis. Quem levar três, paga apenas 10 mil réis. Um para a senhorita, outro para o cavalheiro, três ali para a senhora de marrom. Vai lá, olha lá depressa, outro aqui.
— Meus Senhores, eu de louco não tenho nada, o que me faz gritar em praça pública é o dinheiro, nada mais do que o dinheiro. Vai terminar e não tem mais. Daqui a pouco eu não vendo mais a prazo. À vista, eu continuo vendendo sempre — disse.
A roda foi se desfazendo. Eu saí andando lentamente, depois apressei o passo, pois estava atrasado para o jantar, que na minha casa era pontualmente às sete horas da noite.

As Noitadas

Tarde da noite, voltando da Hashomer, organização sionista juvenil à qual pertencia, meu grande amigo Léo costumava parar na esquina da rua onde eu morava e assobiava num código que entre nós existia. Ao ouvir esse sinal, eu parava a leitura com a qual estivesse envolvido, ia até a janela e fazia um sinal para que Léo soubesse que eu ouvi. Rapidamente, colocava uma roupa e sem fazer ruído passava pelo corredor que dava acesso aos quartos de minha mãe e minha avó. Só calçava os sapatos na cozinha, para não fazer barulho. E assim, em menos de três minutos, estava lá embaixo. Precisava sair sem que meus pais escutassem, porque não me deixariam sair de casa naquele horário, sempre após a meia-noite.

Nos abraçávamos sempre muito afetuosamente, lembro-me de que invariavelmente ele dizia:
– E aí?
– Tudo bem – respondia.
As ruas sempre estavam desertas, as pessoas se concentravam nos cafés e casas noturnas. Nós parávamos alguns instantes e, logo depois, começávamos a andar. Calor, frio, vento, chuva. Não fazia diferença. Nosso encontro acontecia. Não era necessário combinar. À meia-noite eu estava no quarto lendo; algum tempo depois escutava o assobio.

Naqueles tempos, o vigor da nossa juventude precisava expressar-se também no sexo e verdadeiramente não posso imaginar nada que pudesse deter aquele ímpeto. Nossas experiências amorosas não terminavam na cama como hoje. Por mais tolo ou insensato que possa parecer, prezávamos a virgindade de nossas namoradas, o que não permitia que tivéssemos maior intimidade.

Tive uma pequena turma de amigos composta somente em torno de dois únicos temas: o amor impossível e a morte. Este grupo tinha um nome: Nonoai, pequena vila no interior do Rio Grande do Sul, onde os pais de um componente do grupo moravam. Nenhum de nós nascera lá, mas nós adotamos aquela cidadania voluntária. Éramos filhos de Nonoai. Pouco mais do que um toldo indígena. Nas férias, muitas vezes íamos para lá, onde aconteciam seroadas, banhos de rio e namoradas ocasionais.

Os encontros dos integrantes do Nonoai eram na madrugada, num bar, pouco antes de fecharem a porta. Aliás, acho que esta porta nunca recebeu graxa. Eram necessários dois homens fortes para baixá-la. Eles sabiam que aquele barulho nos causava um prazer especial. Por isso, puxavam a porta com muito vigor. Era uma destas portas de ferro de correr. Era um verdadeiro estrondo. A seguir, aturdidos pelo silêncio, apreciávamos durante um largo tempo essa sensação. Foram muitas as poesias escritas no silêncio. Depois, cada um lia para os outros os versos que escreveu naquele momento e outros que ainda eram inéditos. Alguns eram repetidos muitas vezes, pois os julgávamos particularmente interessantes. Gostávamos daqueles dramáticos, que cantam a morte prematura aos vinte anos, e também dos bem-humorados.

Os faxineiros do bar onde ocorriam os encontros dos integrantes do grupo Nonoai jogavam água com mangueiras. O cheiro de sabão e desinfetante espalhava-se por todos os lados, penetrando nas nossas narinas. Lembro-me especialmente do ruído das vassouras de pelos duros esfregando o chão, outras vezes de palha de aço limpando gordura. O barulho das mesas sendo empilhadas, das cadeiras arrastadas que rugiam, e nós ali, no canto, tão entretidos com nossos versos, que sequer nos dávamos conta do que ocorria à nossa volta.

Éramos todos jovens, havia apenas duas crianças. O mais velho de todos era uma espécie de mentor do grupo, funcionário de um banco, sem dúvida o que fazia os melhores versos. Tinha uma linda maneira de dizê-los, brincando um pouco com as próprias palavras.

O outro, mais ou menos da mesma idade, tinha acabado de se formar em direito. Quase no fim da existência do grupo, ele contou que fizera exames para o cargo de delegado e fora aprovado. Foi o primeiro cara a deixar de frequentar o grupo. Prossegui no grupo por mais algum tempo, mas logo fui espaçando a frequência. Mudei-me alguns anos depois para São Paulo. E definitivamente saí do Nonoai.

Em 1995, minha mãe morreu e minha prima que morava em Porto Alegre colocou um anúncio fúnebre no jornal. Uma semana depois, este delegado me telefonou para dar os pêsames, soubera pelo jornal. Trocamos algumas palavras sobre o título conquistado pelo Grêmio, pois ambos torcíamos pelo mesmo time, e algumas lembranças dos encontros. Quando me preparava para desligar, já sem vontade de continuar o papo com aquele cara, ele me disse:

– Ainda guardo a sua ficha política na minha casa. Foi por isso que você não encontrava nada. Quando vier a Porto Alegre, me procure, quero te dar um abraço.

Haviam se passado mais de quarenta anos desde a última vez que nos vimos. O único com quem mantenho contato até hoje.

Falamos muito pelo telefone, nos vemos ocasionalmente. Às vezes aqueles momentos flutuam pelo meu espírito como se tivessem ocorrido em outras vidas.

Nas noites mal dormidas que passei,
Nas seroadas por dentro da noite,
No som dos violões que já escutei,
No vento frio da madrugada açoite,
Nos amigos que granjeei um dia,
Nos meus tempos de passados de criança,
É que encontro a razão do meu viver
E assim eu passarei as minhas noites,
Até a noite triste em que eu morrer.

A Fonte de Inspiração dos Versos

Não havia lugar para mulheres, prostitutas, muito menos cantávamos em nossos versos a falta delas. Namoradas todos tinham. Mas aquele era um outro estado da alma a alimentar nossas fantasias, proporcionando uma tristeza própria para escrever versos de amor. Um poema de amor precisa ser desesperado, retratar a ausência quando nada pode ser feito para se ter a mulher amada. São esses os elementos que aprofundam a paixão.

Experimentei escrever um poema sobre dois jovens caminhando de mãos dadas, tudo na mais perfeita ordem. A pouco andar faltaram as palavras e, no entanto, estava apenas tentando escrever o que acabara de acontecer. A doce verdade era sentimental demais. A angústia é a mola propulsora desse romantismo que nos faz escrever em versos aquilo que a alma não sabe dizer em palavras. O que é o amor? Ninguém nos explica. O amor é indescritível.

A paixão e o desespero encontram a vulnerabilidade do ser para transportar a dor e transformá-la em versos. O infortúnio era o símbolo da nossa paixão amorosa.

A dor precisava ser verdadeira. Esta, sem dúvida, é a principal questão do homem. Se o relato fosse somente fantasia, nunca os outros saberiam. O certo é que a dor ali se derramava, como se estivéssemos contando a verdade, nada mais do que a verdade. Não se podia improvisar pegando carona no que estava sendo dito. O devaneio podia ser transformado em cursos improvisados naquele momento. Também as ações concretas, mas somente aquelas que terminavam num desastre amoroso.

Tive a oportunidade de escutar retratos de mulheres lindas, de moças maravilhosas, que realmente poderiam causar muito sofrimento se, após tê-las, as perdesse ou não recebesse reciprocidade. A quase totalidade das histórias girava em torno deste tema vigoroso, acentuado pela força juvenil. Assim que nas noites frias da minha juventude, fui acalentado por esses golpes repletos de paixão.

Devo dizer que eram muito alegres essas noites. Alegria proclamada pela voz lírica e, principalmente, porque fazíamos tudo aquilo pela vontade de nos alegrar. Quando revelávamos a perda ou a inacessibilidade da mulher amada, a paixão amorosa provocava nossa sensibilidade, levando-nos à procura da beleza, da angústia, do desejo impossível. As mulheres eram sempre idealizadas, nunca sequer falamos com qualquer uma delas, apesar de que o ponto de partida era sempre uma mulher concreta; a dos versos sempre uma criação da nossa fantasia. O objeto de nosso desejo não era, por definição, uma mulher acessível, com a qual tivéssemos mesmo que um mínimo de contato ou aproximação. Ao desconhecer nosso ser amado, podíamos jogar com todas as possibilidades de desvelar, acreditar de corpo e alma na imagem que fora elaborada e assim submeter-nos ao poder daquela imensa pessoa que, de fato, não estava lá.

Paixão Pela Freira

A nossa fascinação nunca foi alimentada por atrizes famosas, modelos ou beldades de revistas. Pelo contrário, eram outros detalhes, às vezes até criações de extrema sutileza. O meu maior encantamento de quase todos esses anos foi por uma freira. Na rua Duque de Caxias, naquela época, ficava o Colégio Sévigné. A minha casa ficava a duas quadras desse colégio. Vira e mexe, lá estava eu, ao meio-dia em ponto, aguardando a saída das alunas. Todas as meninas eram acessíveis. O que eu buscava, no entanto, era a freirinha que ficava postada na porta, cuidando da segurança das alunas. Estas, por sinal, usavam uniformes de saia azul plissada, até o joelho, meias brancas, sapatos pretos e blusas brancas. Algazarra geral, muita alegria, muitos moços que ali estavam esperavam alguém em especial. Outros se aproximavam naquela mesma hora com alguma palavra agradável. Borbulhavam ali os hormônios juvenis do sexo. Dava até para sentir no ar o poder de mobilização do desejo sexual, a excitação de dezenas de jovens ousando permitir aquele desabrochar, permitindo que a curiosidade nos invadisse a ponto de ruborizar as faces daquelas meninas que não tinham nenhuma pintura no rosto primaveril, exageradamente natural por contingência do regulamento da escola.

Eu tinha uma namorada muito bonita e carinhosa. Nos entendíamos perfeitamente bem. Era, sem dúvida, um belo encontro de dois jovens namorados. Não estava ali recusando o corpo vivo das mulheres, o pulsar do amor, o prazer de receber e dar carinho. Ali estava em busca do meu amor impossível, a obsessão por uma imagem: a diferença imensa que havia entre um jovem judeu e uma freira. Para ela, eu podia dedicar a consagração poética de minha própria morte, imaginar os mistérios, mobilizar a fantasia.

> Eu faço versos como quem padece,
> E versejar por penitência quer,

Porque escrever de amor sempre é uma prece,
Quando esse verso é feito a uma mulher.
Se eu faço versos é pensando nela,
Se ela reza, o faz pensando em mim

Quando ia para a porta do Colégio Sévigné, meu propósito era contemplar, à distância, minha adorada freirinha. Seus gestos, o movimento de seus braços, sempre muito lentos e pequenos, os tímidos sorrisos diante de uma menina que se despedia, a pele muito branca, cada um desses detalhes singulares tinha enorme poder de mobilização sobre meu desejo.

A Figura da Prostituta na Sociedade do Rio Grande do Sul

Havia um respeito com nossas namoradas, próprio daquela época, e no Rio Grande do Sul, pela força machista, conservadora, havia um pudor muito grande. Imagina para um menino de quatorze anos, no auge do seu poder sexual? Em meio a esse dilema, a turminha de treze e quatorze anos da rua, do futebol, procurou as prostitutas. Muitos faziam pressão, dizendo:

– Se você não fumar e não trepar, você está fora.

O Léo não estava nessa turma, mas ele conhecia todo mundo. Ele não jogava futebol com a gente, mas eu me lembro do Léo no puteiro. A gente começou indo aos prostíbulos de Porto Alegre, que geograficamente ficavam no limite da cidade, nas margens de um rio. As prostitutas tinham suas casas às margens desse rio, quase no centro da cidade, mas numa área paradoxalmente isolada, que não dava em lugar nenhum. Naquele tempo, os bordéis e as casas das prostitutas ficavam juntos. A primeira zona que frequentamos era essa mais pobre. Depois descobrimos os bordéis e, por último, os cabarés. Estes tinham muito glamour, especialmente o American Boate, o mais sofisticado deles. O porteiro nos deixava entrar, por sermos amigos do Léo. A gente não tinha um tostão. As pessoas que estavam lá eram bem mais velhas e podiam pagar, mas nós não tínhamos nada.

Prostitutas no Dia a Dia (Como Namoradas)

Tínhamos com elas, as prostitutas, uma vida social. Não éramos gigolôs, mas não pagávamos nada. Adorávamos acampar. Eu tinha uma barraquinha ridícula de pequena, que não dava nem para um, e ficávamos em quatro. Adorávamos ficar na margem do rio, pescar e isso não dava para fazer com as namoradas. Elas, as prostitutas, adoravam fazer isso. Eram pessoas normais, como quaisquer outras, mas você pensa que só gostam de beber. Justamente o que elas não gostam, pois atiravam no gelo toda a bebida que vinha, não bebiam. Às 4 da tarde, todas essas mulheres saíam para comprar em lojas da cidade de Porto Alegre, na rua dos Andradas, mais conhecida até hoje como rua da Praia. Todas as lojas ficavam nessa rua. Era um desfile de mulheres. Nem poderíamos cumprimentá-las na rua, porque perguntariam de onde conheceríamos aquelas mulheres, que não faziam parte da nossa turma e se vestiam de maneira diferente. O fetiche era todo mundo olhar para aqueles mulherões. Internamente, a gente dizia: "essa é minha". No final da rua dos Andradas havia um lago, onde ocorriam as discussões sobre futebol e política. Todos os homens ficavam por ali.

Na saída do cabaré, íamos jantar com elas, as prostitutas. Havia um restaurante, o Treviso, que funcionava durante a madrugada no Mercado Público. Invariavelmente, aquela era a segunda vez que eu jantava, porque às 19 horas eu era praticamente obrigado a

jantar na minha casa, com meus pais. Após a refeição notívaga, me deitava com a prostituta até por volta de 6h30, quando voltava para casa. Minha mãe nem desconfiava. O fato é que eu jantava duas vezes e dormia duas vezes! Às vezes eu não tinha tanta vontade de acordar tão cedo e mentia para minha mãe, dizendo que ia dormir no Léo. E ele dizia:
– Pai, vou dormir no Nissim.

Assim se passaram uns dois, três anos, até que, num belo dia, o pai dele resolve ir agradecer a minha mãe pelo incômodo que era ficar na minha casa, porque o Léo quase todas as noites dizia que dormia lá. Minha mãe ficou quieta na hora, não disse que não, depois me perguntou:
– Quando você diz que vai dormir no Léo, você vai mesmo?

Eu disse que sim, que ela poderia me ligar, pois o Léo sabia imitar a minha voz direitinho. Ela ligou, e o Léo fez de conta que era eu!

Claire Kim

Claire Kim, minha namorada, que eu conheci cantando, era uma princesa. A Mary Molina, namorada do Léo, era uma rainha. Dentro do cabaré ela era a soberana máxima.

Um dia ela sentou-se na nossa mesa, bateu papo e perguntou se íamos acampar, mas eu disse que estava sem namorada. Então, ela me disse:
– Olha aí e me diz quem você quer.

Ela trouxe a Helena. Conversei com ela e começamos a namorar. Helena era muito possessiva, impossível aguentá-la. Ela queria ficar comigo o dia todo. Eu disse que não dava mais e ficamos amigos.
– Mary, e a Claire Kim?

Eu tinha até medo, porque ela era somente do grupo artístico. Mary nem questionou e trouxe a Claire Kim para mesa. Dancei com ela. Tinha que namorar mesmo pagando, mas eu não paguei. Durou oito meses. O Léo ficou com a Mary por dois anos. Muitos homens se casavam com prostitutas. Era, como é até hoje, algo muito libertário. O comportamento delas não era vulgar, de puta. Eram verdadeiras madames. Talvez isso desse o charme na coisa. Também eram parecidas com gueixas. Você não conseguia dar um beijo nem chegar perto. Por conta disso, muitos se apaixonavam. Na cama, evidentemente, havia grande liberdade. Tanta que muitos homens se separavam de suas mulheres para ficar com essas apreciadas cortesãs.

A relação do namoro era muito importante. Mesmo com todo esse charme, no fundo, elas sabiam que estavam sendo compradas pelos outros e conosco não. Elas estavam lá porque queriam, então era uma relação afetiva, de casamento, de compromisso. Elas não podiam saber que nós tínhamos namoradas fora. Eram condicionadas por paixões. Era uma ordem completamente fora da compreensão, mas para mim era muito natural essa relação. Acampar com as prostitutas era muito importante, pois simbolizava o compartilhar o cotidiano, o repartir o pão, o companheirismo conjugal. E as argentinas tinham muito isso de compartir, comungar junto, num sentido de comunhão. Um grau de relação profundo.

O Tango e as Putas

Eu aprendi espanhol pelos tangos. O tango era visto como algo profano, carregado de sensualidade da dança. Havia muitas prostitutas argentinas nos cabarés de Porto Alegre que frequentávamos. Anos depois, o Léo me levou à American Boate para rever a casa. Infelizmente, ela havia se degradado, assim como a área no entorno, que virou uma zona pobre. Ao notar essa mudança, lembrei-me do *crooner* que havia na antiga American Boate. Ele sempre começava dizendo assim:

— Distintos habitueiros da American Boate, a casa dos grandes espetáculos apresenta seu show artístico internacional da noite de hoje.

Era minha namorada, Claire Kim, que devia ser nome de guerra. Ela cantava, dançava, mas não sentava na mesa para beber com ninguém. Não saia com freguês. Ela era cantora. A outra, Mary Molina, é que fazia isso e me ensinou várias poesias argentinas. Também iniciou meu gosto pelo tango. Ela explicava as letras e a história do ritmo, contando-me detalhes picantes que não circulavam abertamente.

Num dos aniversários do meu amigo Léo comemorados na American Boate havia um casal de bailarinos de tango. Após se apresentarem com muita classe e estilo, houve uma troca de casais na pista de dança. O bailarino tirou a mulher do Léo para dançar, enquanto que a bailarina tirou o Léo para dançar. Quando a música terminou, Léo gritou para que eu dançasse tango com a bailarina. Foi o que fiz. Tudo foi fotografado. Quando a mulher do Léo dançou com o bailarino, lá pelas tantas, ele deu um passo e ela pulou no colo dele. Eu nunca tinha visto aquilo antes. Achei o máximo. Para minha completa felicidade, minha parceira de tango me disse no ouvido:

— Posso pular no seu colo também? – perguntou.

Eu, claro, disse que sim. Dei o passo que acabara de aprender observando o bailarino e ela pulou no meu colo. Fiquei tão emocionado, que continuei com a moça no meu colo, até que ela me disse:

— Agora pode me colocar no chão.

O Cabaré de Luxo em Porto Alegre

O cabaré era o terreno natural delas. Qualquer frequentador, por mais despachado, assíduo ou desembaraçado que fosse, era um desajeitado ao lado delas. Afinal, lá era o cenário delas. Elas eram as protagonistas. Elas eram as rainhas do negócio, sabiam se locomover dentro do espaço. Havia shows com mágicos, músicos, danças. Nessa época, já tinha uns dezoito anos. Não havia quartos nesse cabaré especificamente, havia uma lateral muito grande, por onde entravam carros e estacionavam no fundo. A gente ia a pé a qualquer lugar, pois após a meia-noite não havia bonde.

Como não havia quartos no lugar, os donos ganhavam dinheiro na bebida, e as mulheres também: elas pediam uísque ou champanhe. Entretenimento, shows, dança... Era assim: o cara, para poder dançar, tinha que convidar uma mulher para se sentar à mesa dele. Caso contrário, se ele tirasse uma para dançar, depois outra e mais outra, as outras mesas ficariam sem ninguém.

Elas faziam programa, mas depois de muita corte. Havia todo um percurso, se você chegasse lá e perguntasse quanto cobravam, elas derramariam um balde de gelo na sua cara. Elas tinham uma ética, se respeitavam, e podiam também não querer ir com o cara. Elas se davam ao luxo de escolher com quem iriam sair. Todas ganhavam muito bem, se vestiam muito bem. Era tudo luxuoso, com lustres e cortinas.

Mesmo com todo o ambiente onírico e luxuoso, quem frequentava os cabarés era visto como marginal. Os advogados famosos e os políticos só podiam ir em horários exclusivos, às vezes às 3 da manhã. Ficavam meia hora e iam embora. Tudo tinha que ser feito de forma sigilosa, nunca abertamente. As prostitutas moravam num hotel para lá de grã-fino. Agora imaginem vocês, caros leitores, quanto essas moças ganhavam! Uma delas me trouxe de presente uma epopeia gaúcha, *Antonio Chimango*, uma sátira a Borges de

Medeiros, que foi presidente do estado do Rio Grande do Sul, indicado por Júlio de Castilhos. Borges tinha 1,50m de altura. O livro é contra ele, tudo em versos gaúchos.

Libertação de Israel

Eu tive uma vinculação muito forte com a juventude das organizações sionistas. Elas tiveram seu auge nos primeiros anos após a fundação do Estado de Israel, em 1948. Eu participei de reuniões, encontros e atividades esportivas que tinham como finalidade congregar a libertação de Israel. Nós tínhamos acabado de saber do massacre de seis milhões de judeus na Segunda Guerra e tudo aquilo me afetou profundamente. A União Soviética foi o primeiro país do mundo a reconhecer o Estado de Israel. Não me filiei a nenhuma congregação, mas frequentava todas.

Acredito que o sionismo se baseia na ideia de que, além de uma cultura e de uma religião, o judeu precisa de uma pátria. Isso ele somente pode encontrar retornando a Israel, de onde saíram seus ancestrais, a fonte das suas raízes. O filósofo francês Jean-Paul Sartre tem um pensamento bastante interessante, segundo o qual os judeus permaneceram sendo judeus por causa das perseguições. Quer dizer, quando você persegue alguém, ele logo tem vontade de se unir e de se defender contra aquela perseguição.

No ano em que eu assumi a presidência da Organização Sionista Unificada, na década de 1980, o Dops alugou um apartamento em frente à organização e fotografava todo mundo que entrava e saía. De repente, o sionismo virou sinônimo de racismo e o Brasil não aceitava racismo.

Durante a minha gestão, virou tradição os jovens judeus irem para Israel colher laranjas. Aí começou a ter pedido para ir de graça. Isso me surpreendeu, pois inicialmente era para cada um pagar a sua passagem aérea. Na época, eu fazia parte de uma sociedade que jogava pôquer com cacifes muito altos e pedi durante um mês 10% da mesa. Eles concordaram. Em um mês deu para comprar 150 passagens. Quando abrimos inscrição para as pessoas que não poderiam pagar, recebemos dois mil candidatos em uma semana. Eu fechei as inscrições e fiz uma seleção de quem realmente era pobre. Contratei um agente social, que visitou a casa de todos. Acompanhei passo a passo. Decidi que somente viajaria quem não tinha mais do que duas cadeiras em casa – quem tinha três cadeiras estava fora, mas tinha gente que não tinha nem cadeira para sentar. Milhares de pessoas iam buscar comida grátis doada por organizações. Hoje há várias sociedades que atendem pobres de qualquer origem. Não há mais o sectarismo daquela época, quando somente ajudávamos judeus.

Congresso Estudantil

Julho de 1955, Congresso da União Nacional dos Estudantes Secundários. Mesmo cansado, era difícil dormir naquele alojamento. Mais de cinquenta estudantes num enorme espaço do Estádio do Pacaembu. Fazia frio. Não havia cobertores. As reuniões eram nos salões da biblioteca da praça Dom José Gaspar. Os problemas eram os mesmos de hoje. Entretanto, as implicações eram diferentes. Falar em mais verbas para a educação, mais escolas públicas, melhorar a qualidade do ensino, baratear o livro didático, alfabetizar os milhões de analfabetos, mais vagas nas universidades públicas, era o suficiente para ser taxado de comunista. Pior: comunista, de fato, eu era. Estas questões podiam abalar a estabilidade do Estado brasileiro. Entendia a polícia política, e por isso eu acabara de sair da prisão.

– Você recebeu ordens de quem – questionou.
– Quem é o fulano de tal? – prosseguiu.

— Não sei — respondi.
— Como você diz não sei, se seu nome está na caderneta de telefones dele? — indagou.
— Não sei — respondi.
— Olha, eu não quero bater em você, mas se continuar insistindo em dizer não sei, não sei, vou perder a paciência — falou.
— Não responde nada por quê? Olha os livros que pegamos na sua mala — apontou.
— De quem são? — perguntou mais uma vez.
— E estes jornais? — completou.

Se fosse preso tinha a orientação de dizer "não sei" ou ficar quieto. Sei de muitos que tiveram esta coragem. Nunca traí ninguém, nunca contei segredos. O meu anjo da guarda me protegeu e livrou-me deste episódio, como já havia me salvado e voltaria a fazer no futuro. E não precisei enfrentar perguntas que tivessem me colocado nesta situação. A última vez em que fui preso foi no dia 5 de abril de 1964, e quem me interrogou foi o famoso delegado Fleury.

Não eram tempos de matar prisioneiros de esquerda. Entretanto, tive muito medo de que um daqueles dois quebrasse os meus dentes, desfigurasse o meu rosto. Como não recebia ordens de ninguém, estava em São Paulo e não tinha contato com ninguém, nada tinha a dizer. O tal homem da caderneta eu nunca soube quem era. Os livros ficaram com eles. Eram meus, bem como os jornais.

Comissões específicas para cada assunto discutiam as teses que depois eram levadas a plenário. Eram pessoas dispostas a emprestar sua capacidade, inteligência e trabalho de forma desprendida, desejando verdadeiramente melhorar as condições de vida do povo brasileiro. Mal dirigida esta energia, inocentes úteis, financiados pelo ouro de Moscou? Não creio. Diria que as vozes não eram ouvidas, os braços levantados eram débeis para segurar bandeiras tão pesadas. Um estudante participante de vários congressos repetia ao final de seu discurso sempre a mesma frase: — Se na guerra é o sangue do jovem que se requisita para defender a pátria, na paz é a sua voz que deve ser ouvida. Mas não era. Continua não sendo.

Havia uma teoria absolutamente fora do contexto no Brasil, sobre a Petrobras – hoje símbolo máximo da Bolsa de Valores e do desenvolvimento econômico do país – e era uma coisa que só o partido comunista falava. "O petróleo é nosso." Essa pichação foi o motivo da minha primeira prisão. Monteiro Lobato já havia falado do petróleo. O Partido Comunista abraçou essa causa porque diziam que não existia petróleo no Brasil. Os intelectuais de maior projeção no Brasil eram todos comunistas. Por ser ilegal, muitos não tinham uma participação aberta conhecida, era clandestina. Naquela época só havia uma esquerda. Era um pequeno grupo de trotskistas. Até o Partido Socialista Brasileiro era meio titubeante e não queria assumir posições importantes.

Entrada Para a UNE

Não encontro o sono. Saio debaixo dos lençóis e perambulo por entre as camas. As luzes da avenida invadem o alojamento através destes enormes janelões redondos. Como é possível que alguém durma nesta claridade e com este frio? As luzes que entram da rua confrontam as sombras. Aqui e ali as sombras resistem. Para que exista a sombra é necessário que exista a luz. Este imenso salão agora transformado em dormitório.

O meu nome fora indicado como candidato à presidência da UNE (União Nacional dos Estudantes) numa chapa única. Existia uma divisão no movimento estudantil. Em nível nacional havia duas entidades. O propósito era batalhar pela unificação e esta chapa única deixou-me muito emocionado, pois significava a confiança dos dois lados dentro da UNE. Aceitar tamanha responsabilidade, mudar de cidade, sair da casa de meus pais, deixar a minha namorada que estava comigo havia dois anos, e viver com um salário mínimo mensal. Estava realmente dividido. Os dois lados eram escuros. O que aconteceria nesse lado? Nenhuma resposta. Do outro lado também não tinha resposta. Preciso iluminar o meu espírito. Para complicar a decisão aparece o desequilíbrio da razão e da emoção. À minha inquietude se acrescenta no meu interior uma grande fogueira, uma agitação que a exacerba. Parece que vivo um sonho desvairado. Procuro acender minha imaginação, alargar meu entendimento, dar um sentido a minha ebulição interna. Se o que desejo é ação, o que procuro é poesia. Frágeis versos de um lado e do outro nenhum caminho. Por que não os versos e o caminho? Por que um ou outro? Sei que afinal vou fazer o que a minha intuição apontar. Por onde se reúnem os dois aspectos de forma harmônica? Em que direção poesia e ação se abraçariam para produzir coisas belas? Tenho dezenove anos. Meu idealismo e o romantismo estão irmanados em busca de uma identidade. Meu signo é gêmeos, o meu ascendente também é. O meu idealismo é romântico, uma paixão combativa. Minhas ações não são inibidas pela crítica. Seus alimentos são os sentimentos. A aurora começa a dissipar a noite. Um murmurinho agita o silêncio do alojamento. Dentro de mim volta a reinar a paz. Decidi aceitar a minha indicação como candidato à presidência da UNE. Significa a minha alegria de vislumbrar a possibilidade de união dos meus propósitos. Não é uma paz que visa à estagnação. Pelo contrário, é um movimento vigoroso e positivo que promete o florescimento de potenciais. O humanismo apaixonado, que dentro de mim minimiza e dissolve qualquer obstáculo, assume a liderança. As pessoas que apoiam meu nome são muito amáveis comigo, penso lá do fundo da minha ínfima condição. Me proporcionam um belo caminho para caminhar.

Os ideais podem ser utopias; podem não ser verdades; pode haver um grande engano na maneira pela qual queríamos alcançá-los. No entanto, ainda acredito que meus ideais de jovem sejam visões antecipadas do futuro. Sem dúvida, a observação da realidade e da experiência trouxe variações. Mas não abalaram os elementos afetivos. As ilusões, elementos apenas imaginários em consequência da ignorância da realidade no seu conjunto, conduziram minha conduta de jovem. Hoje, apesar de já saber que eram meras ilusões, não as perdi, não deixei que o tempo as afastasse de mim. A idade e a cultura corrigiram as facilidades do jovem. Continuo pensando com o coração e a mente. Aprendi que o contrário da afirmação não é a negação, mas a dúvida. Duvido da certeza racional que hoje procura a todos dominar.

Último Dia em Porto Alegre

No meu último dia em Porto Alegre, antes de viajar para o Rio de Janeiro para assumir a presidência da UNE, acordei cedo para terminar de arrumar a mala. Senti dor ao pensar que aquele seria o último almoço junto com a minha família por um longo período. Mas procurei não deixar aquela dor crescer. Havia ainda os amigos que iam me fazer falta e as minhas duas pequenas sobrinhas, com quem tanto gostava de brincar. Procurei parar de pensar nisso. Almoçamos em silêncio naquele dia. Os meus pais foram benevolentes e não fizeram drama da situação. Era inverno, mas após o almoço reparei que o sol apareceu com bastante vigor, transformando tudo numa tarde quente e agradável.

Tive a impressão de que deveria fazer alguma coisa importante. Não foi preciso apelar para todos meus sentidos para que a intuição me levasse a subir o morro para ver o pôr do sol. Peguei o bonde e logo estava no fim da linha. De repente, uma cachorra cor de mel veio até mim, me olhando como quem diz: – Se quiser, subimos juntos, mas posso deixá-lo ir sozinho.

– Vem, vamos subir juntos, Chaiene – disse com a voz amistosa.

Resolvi chamá-la de Chaiene. Ela correu na minha direção abanando o rabo. Rolamos pela grama, brincamos e lá fomos nós, subindo.

Mais adiante, paramos na sombra de uma árvore, onde havia uma pequena touceira, que transmitia um perfume acariciante. Parecia que um ousado colorista havia pintado delicadíssimos cachos de flores e dois braços com flores lilás erguidos para o céu. Fiquei contemplando e percebi que havia também pequeninas flores brancas, que proporcionavam uma harmonia quase musical. Estava ali, sem nenhum ser humano à vista, apenas com a Chaiene ao meu lado. Ela olhava ora para as flores, ora para mim com uma ternura radiosa que só os cachorros têm.

Olhei bem fundo nos seus olhos, ela retribuiu o olhar instantaneamente e, de forma luminosa, rolei abraçado na grama com Chaiene. Tenho certeza de que nossas almas se fundiram naquele instante, uma absorvendo a outra.

Era preciso partir, continuar a subida. Logo o sol estaria se pondo. Chegamos ao topo em tempo de contemplar o céu pintado num rosa, azul e laranja brilhantes. Aquelas cores vivas espalhavam uma beleza poderosa e os reflexos do sol construíam um traçado espetacular, com longos braços horizontais. Lembrei-me do enigma da esfinge: "Decifra-me ou Devoro-te". Jamais tornei a ver cores de tamanha beleza.

Com certeza, aquele era o verdadeiro mundo dos contos de fadas. Naquele momento senti uma dor que jamais havia sentido, ocasionada pela constatação de que não há felicidade total. Foi quando me lembrei de que no dia anterior, minha namorada e eu resolvemos nos separar. A freirinha, meu outro amor, nem tomou conhecimento do que estava acontecendo, mas é certo que me faria falta vê-la. Quem disse que não se pode amar duas pessoas ao mesmo tempo?

Impregnado dessas reflexões, peguei uma caneta e uma folha de papel e escrevi: "O verde das montanhas circundantes lembrou-me a vida ingrata e passageira. Os anos que passaram tão distantes. Folha de uma árvore que há de ser poeira, gritei saudade! E o eco, lentamente, apaixonado respondeu saudade. Felicidade, exclamei num repente! E o eco ainda insistiu felicidade. O sol morria além desses ruídos, como nos poentes são reproduzidos pelo eco tagarela que não cessa. E então, para surpresa minha e de tantos, gritei teu nome quase em prantos. E o eco respondeu: mais depressa". Chaiene compartilhava comigo todas essas emoções.

– A natureza nos proporciona um prazer tão grande, quase infinito, que nunca poderemos retribuir-lhe, por maior que sejam os nossos gestos de gratidão – disse-lhe.

Existem ocasiões especiais em que o espírito amplia a nossa capacidade de sentir, o pensamento se cobre de infinito e torna-se livre. Nesses momentos, o universo perde a palidez e revela-se em todo o seu esplendor. Essa realidade existe quando o amor ocupa todos os espaços do coração. Essa revelação foi feita em linguagem silenciosa. Depois disso, nos sentamos um ao lado do outro e ela me olhou como se quisesse dizer que aqueles momentos tinham sido marcados por revelações proporcionadas por deuses escondidos. Que aquela experiência fora única. Chaiene se levantou e, sem dizer adeus, saiu trotando morro abaixo até desaparecer dos meus olhos, sem olhar para trás.

Fiquei ali, estatelado. Eu ainda alimentei a ilusão de que tornaríamos a nos ver. Muitos anos mais tarde, quando estava em Buenos Aires com a minha mulher, telefonamos para nossos filhos. Joyce, a mais velha, disse que havia ganhado uma cachorra, uma *cocker spaniel*, e perguntou se podia ficar com ela. Respondemos que sim. Quando voltamos, Joyce estava com a cadela no colo e nos falou:

– Esta é a Chaiene.

Fiquei paralisado. Nunca havia contado aquela história a ninguém. Peguei a cachorra no colo e tive a fantástica impressão de que já nos conhecíamos.

Ida Para o Rio

Estava acostumado com o conforto da casa de meus pais, a companhia de muitos amigos, companheiros da juventude comunista, e muito especialmente da minha namorada. Rompemos quando me mudei para o Rio de Janeiro.

Em Porto Alegre, eu tinha muita popularidade, não faltavam festas, bailes e encontros prazerosos com muitas pessoas. Mudando para o Rio, as coisas tiveram um rumo absolutamente inesperado. Previsível, mas não havia pensado na solidão.

Se a consagração de ter me tornado presidente da UNE deixava-me muito feliz, também vinha no meu jovem coração a solidão agravada pela sensação de exílio em minha própria terra. A sede da UNE ocupava apenas uma pequena sala de um velho sobrado da rua da Quitanda. Os demais membros da diretoria eleita moravam em outros estados. A estratégia do programa elaborado no congresso contemplava exatamente a difusão da organização existente em alguns estados para o Brasil todo. Outro objetivo era tentar unificar as duas entidades nacionais.

Não consigo formular muito bem com palavras o verdadeiro poço de solidão no qual havia caído naqueles dias. Minha vida se paralisou diante de um profundo sentimento. Não havia ninguém para trocar ideias. Ninguém para me ouvir. Estava isolado numa pequena ilha, justamente tendo que me comunicar com estudantes de todos os estados brasileiros. Jantava no Calabouço, restaurante estudantil próximo ao Aeroporto Santos Dumont, onde estavam literalmente milhares de estudantes. Eu não conhecia nenhum. Pretensamente, eu estava naquela cidade, pelo menos teoricamente, para defender os interesses deles, estudantes. Mas passavam por mim como se eu fosse invisível. Queria gritar: – ó moçada, olha aqui pra mim! – mas a voz saía tímida até mesmo quando a mocinha que atendia perguntava se eu queria um copo de leite.

"É claro que eu quero! Você não vê que ainda nem almocei?", pensava.

Virada na Vida

O entusiasmo sempre foi uma característica da minha vida. Momentos de desânimo começaram a ser cada vez mais frequentes, ninguém mais naquela cidade parecia saber o que eu estava fazendo ali. Ligações telefônicas, nem pensar. O preço era inacessível. Tudo que fazia parecia não servir para nada. A solidão aumentava exatamente quando eu procurava saídas para ela. Como um círculo vicioso.

Foi num destes momentos tensos, quando tudo parecia desabar sobre mim, que recebi um telefonema de um dos dirigentes do partido, pessoa que já conhecia, dizendo que precisávamos nos encontrar. Em resumo, transmitiu que o companheiro Apolônio de Carvalho seria meu contato. Mesmo sem conhecer este nome, merecia um respeito extraordinário. Afinal, dentre outras façanhas, Apolônio fora voluntário das forças internacionais que defenderam a República Espanhola dos exércitos e da força aérea nazista. Logo em nosso primeiro encontro, senti que ele tinha uma energia incrível. Um novo contato com uma pessoa tão especial seria bastante improvável na minha vida.

Lembro-me bem de um dos conselhos do sábio Apolônio, meu contato no partido:

– Cada coisa que você fizer depende de você mesmo. Não há nenhuma garantia divina de que o que você estiver fazendo tenha sentido. A resposta para a sua solidão está no seu projeto de vida. É você que precisa explicar o que deseja para você mesmo. Transforme a solidão na sua força pessoal. Não será nada fácil, mas pelo que ouvi falar de você, tenha certeza de que o seu caminho foi muito bem escolhido. Não há porque sentir arrependimento. Ouça dentro de você o outro lado, aquele que descortina a sua missão – disse-me.

Gostei. Gostei muito de escutar este incentivo. Começou ali uma virada na minha vida. Comecei a ir à praia, aonde antes não ia, porque aumentava meu sentimento de solidão. Também passei a me relacionar com muita gente, fiz amizades e, principalmente, consegui dar um sentido produtivo ao meu trabalho político. Tudo no partido era feito por correspondência e, sempre que possível, eu comparecia aos congressos estaduais. Os avanços eram pequenos. Também houve retrocessos. Mas a vida tinha novamente um sentido real.

Tive outros encontros com Apolônio, figura enigmática, séria, que às vezes surpreendia com suas risadas. Ele era uma pessoa clandestina, porque era da direção nacional do partido. Assim, os encontros eram sempre precedidos de um cuidado especial. Marcávamos às 7 horas em determinada esquina da cidade. Eu deveria chegar trinta minutos antes, dar voltas no quarteirão anterior para certificar-me de que não estava sendo seguido...

Greve na Mina

O motorista anuncia o ponto-final. Desço do ônibus. Não é uma estação rodoviária. Apenas um espaço vazio. O chão de terra batida, uma névoa escura encobre tudo e tira a nitidez das poucas construções. Ao forte frescor do ar se soma um agradável odor de comida. Avisto o bar com janelas de vidro, a maioria delas está quebrada, a pintura descascada já não lembra nenhuma cor. O bar deve ser este. Só pode ser este. A tarde é fria. Além de uma leve garoa, bate forte o Minuano, como é chamado pelos gaúchos o vento que atravessa todo o Rio Grande do Sul, vindo talvez da extremidade polar. Em minha mente se estampa o perfil de um gaúcho montado no seu cavalo, segurando na sua mão direita uma lança, o olhar firme no horizonte, tendo nos ombros um lenço de seda esvoaçando ao vento. Este é o espírito de que precisava. Abro a porta do pequeno bar. Rostos enegrecidos se voltam para mim, enquanto olho em volta e me pergunto quem será a pessoa. Todas as pessoas aqui são parecidas, todas têm o mesmo

tipo de roupa escurecida, todas têm os mesmos sapatos cambaios, enegrecidos. A cor encardida da pele, as rugas profundas...
   O balcão, as cadeiras, os velhos cartazes de propaganda de remédios colados nas paredes, o forte cheiro de comida que vem da cozinha, tudo parece apontar o dedo para mim e perguntar o que deseja esta estranha personagem?
   Agora o cheiro da comida se mistura a outros cheiros. Esta mistura de cheiros se eleva no ar e paira na altura dos meus olhos. Àquela mesma névoa se juntam agora pequenas partículas de pó preto que dançam diante de meus olhos e o cheiro vermelho atravessa esta nuvem atingindo-me em cheio. Sinto uma enorme tontura invadindo toda a minha cabeça. Atrás do balcão um relógio de parede anuncia as horas. Quantas vezes bateu? Três, quatro. Lembro-me de Federico García Lorca "A Las Cinco en Punto de La Tarde"[8]. O verso me faz erguer o corpo. Agora posso cantar a valentia do toureiro. Faço um esforço enorme, ergo o braço e olho meu relógio. É inútil, não percebo as horas e talvez nem fora isso que estava procurando. "Eran las cinco en todos los relojes"[9].
   "Ai, Federico García Lorca, o que faço? Não é possível que a pessoa que faria contato comigo já tivesse ido embora. O que é melhor, ir até o balcão para sair do centro das atenções? Aguardar lá fora? Todos os negros olhos estão voltados para mim. Ou é impressão minha?", pensei.
   Abotoo a minha gabardine. Levanto a gola, não, abaixo a gola. O frio aqui dentro é maior do que lá fora. A cor da gabardine contrasta com tudo que está em volta. Parece uma bola branca de neve no meio de um cenário pintado de preto. Estou num teatro, isso é ficção. O cheiro vermelho, a mistura de todos os cheiros, vem para dizer que estou na vida real.
   A inútil procura do que seria mais sensato fazer paralisa todas as opções. Continuo ali, junto à porta. Como seria bom se pudesse receber

---

8 "Às cinco da tarde em ponto."
9 "Eram cinco em todos os relógios."

instruções do Carlos, dirigente do partido que me deu esta tarefa. Quando recebi a tarefa de vir até estas minas de carvão e organizar uma greve dos mineiros por melhores salários e condições de trabalho dignas, ninguém me disse nada, mas sabia que seria um trabalho clandestino. A minha presença estava sendo cada vez mais notada. Normalmente não sou uma pessoa que se destaca, mas naquele momento tudo em mim estava feito para não permanecer anônimo.

Onde estava o homem que não conhecia e deveria me procurar? O meu comportamento estaria denunciando o motivo de eu estar ali? As pessoas me olhavam de um jeito... Será que sabiam que eu fui tentar organizar uma greve? E eram contra! O telefone toca, o homem atrás do balcão atende. Será a polícia? O que ele está dizendo? As minas têm dono? É a polícia do Estado ou o dono das minas? Fugir para onde? Estas perguntas abalavam ainda mais a minha estrutura. Onde estava o meu nível ideológico? Ao cheiro vermelho se junta um cheiro preto. Insuportável. Preciso dominar meus sentimentos. "Pedra em lugar de coração... não há piedade para o tira, nem há quartel para o espião", pensei. Não combinei nenhum código, nenhuma senha. Que falta de consciência revolucionária. Como poderei saber se o homem que falar comigo é o homem certo?

As pessoas voltaram a falar. O silêncio estava de fato me oprimindo. Todos os homens – só há homens nesse lugar – se conheciam. O garçom servia café de uma chaleira amassada. Não sinto o cheiro do café, mas o outro cheiro, aquele vermelho e preto, está cada vez mais forte. Refaço o plano: simples, desceria do ônibus. Se não fosse abordado, veria que logo à minha direita estava um bar. Era para entrar que imediatamente seria procurado por um homem. Logo nos identificaríamos. Será que o garçom está me oferecendo um lugar para sentar? Estou num lugar onde as pessoas sempre encontram as mesmas pessoas. São as mesmas caras que se refletem nesse velho espelho. Quando penso que logo serei preso aqui nesse fim de mundo, então não consigo pensar em mais nada. Uma densa névoa sobe e deixa tudo encoberto. O cheiro se concentrou, abateu-se sobre mim como um chicote. Alguém

se aproxima e abre os cantos da boca. Está me cumprimentando? Sorrindo para mim? Para diante de mim, recuo um passo assustado, as pernas tremem.
— O que deseja o senhor, seu moço? — digo num repente.
— Tu chegaste para falar comigo — respondeu.
— Por que demorou tanto? — questionei.
— Mal entraste, companheiro, ainda nem a porta fechaste — disse.
— Então este tempo todo... Tudo que aconteceu aqui... — falei.
— Foi o tempo, companheiro, de me levantar assim que tu entraste — disse.

Sobre a Viagem de Navio

O navio saía do porto do Rio de Janeiro ao meio-dia. Entrei às 10 horas. Ao meio-dia, horário do almoço, fiquei enjoado. Daí em diante, embora o mar permanecesse calmo a maior parte do tempo, precisei tomar uma pílula de mareio no departamento médico. Mesmo assim, fiquei quase todo o tempo, dos vinte dias de travessia do Atlântico, sofrendo ânsias de vômito. Mas a minha disposição de não perder de vista a aventura daquela viagem me deu entusiasmo para permanecer firme a cada minuto. Meu pai falava tanto da Europa, que viajar para lá sempre fez parte dos meus planos. Não imaginava ir tão jovem e não podia perder nenhum momento daquela viagem.

Essa viagem era tudo o que meu jovem coração poderia esperar. Para mim, além de tudo, havia um ponto alto: ir a Moscou. Dediquei uma exaltada energia às minhas atividades. Estava bem disposto e desperto às seis horas da manhã e permanecia na cama durante meia hora — descobri que o balanço do navio, enquanto eu estava deitado, era agradável e excitante. Depois me levantava e durante uma hora permanecia no convés. A terceira classe tinha somente direito de acesso à popa, parte traseira do navio, mas o que importa? A paisagem do mar imenso, a mansidão do oceano, aquelas horas matinais, a trilha de espuma deixada pelo navio, tudo me fascinava. Algumas pessoas puxavam cadernos e ficavam fazendo anotações, possivelmente diários de viagem. Outras buscavam cadeiras reclináveis e permaneciam acomodadas sem fazer nada. Aquelas que rascunhavam em seus cadernos, de vez em quando olhavam o horizonte e novamente voltavam aos seus afazeres. Alguns passageiros cochilavam, mesmo tendo acabado de despertar.

Eu buscava o sol, o calor que dele recebia naquela hora mais agradável. Havia também marinheiros escovando o piso de madeira. Outros lustrando peças de metal. Naquela época, eu não fiz nenhuma anotação. Não sei o que teria escrito.

Lá de cima, dava para ver que o mar quase sempre é muito agitado e nada tem de uniforme e monótono. As ondas com sua superfície côncava. Algumas são imensas, outras menores, mas todas têm grandes linhas, esbanjando majestade. Cada uma diferente da outra, em movimento incessante. O olhar não consegue fixar-se numa única e vai logo a outra, outras, para novamente perder-se nas cores resplandecentes do sol da manhã.

No segundo dia da viagem, conheci uma jovem muito bonita, pertencente à delegação argentina. Era muito simpática e comungávamos das mesmas opiniões políticas. Ela ajudou-me a não ficar por nenhum momento entediado. O seu nome era Rosita, o mesmo de minha prima.

Um dia aconteceu de eu dizer, brincando, a frase de uma rumba, que era muito conhecida. Achei que a Rosita também conhecia, mas ela a estava ouvindo pela primeira vez. Como não disse a origem da frase, pareceu a ela que eu é que estava dizendo:

– Rosita, es una chica fenomenal.

Ela ficou imediatamente ruborizada. Eu ia explicar que era uma canção, mas ela deu um sorriso tão feliz, que não tive mais nenhuma vontade de falar a verdade. Tomou-me as mãos e deu-me um pequeno beijo na boca:

– Não vamos estragar esta linda amizade... tenho um namorado em Buenos Aires – respondeu.

Tive uma diversidade de sentimentos em relação a Rosita, que me encantava. Um dia era da mais tenra amizade, noutro de luxúria. Logo a considerava minha companheira de ideais. Nunca me foi indiferente. Amor. O amor sempre muda de forma, na presença ou na ausência do ente amado. Eu experimentava todos estes sentimentos, no entanto sem ousar nada.

Eu desejava ser importante pelas coisas importantes que faria. Uma viagem longa sobre as águas tem uma magia especial.

De tanto conversar intimamente com o mar e com o enorme vazio do universo, olhando as estrelas e as águas ondulantes, iluminadas por esta lua que vejo crescer a cada dia, penso que nada seria mais grandioso do que atirar-me ao oceano, num impulso, e logo vivenciar a inexorável queda na água, depois de um voo espetacular, que me acolheria para sempre.

As grandes alturas sempre me pregam esta peça. Preciso me afastar dessa murada para que o juízo volte a minha consciência. Penso nisso, e o mar parece que, num protesto, ruge furiosamente.

Até o nosso enorme barco fica à mercê desse movimento do mar, parecendo frágil e pequeno. Rangem as cordas espalhadas por todos os lados, nuvens pretas encobrem a lua. Agora é o próprio navio que começa a sacudir de forma violenta, como se estivesse resistindo a uma tentativa de ser engolido pelo mar. Ouço a sirene comunicando pela última vez que o jantar está servido. Justamente porque todos estão à mesa, tenho oportunidade de ficar sozinho no convés.

O mar voltou à serenidade, o navio não joga mais e as estrelas voltam a aparecer. Depois comerei um sanduíche. Agora é hora de aqui ficar, contemplando. Sozinho ali, olhando absorto aquela noite, vem-me à mente um poema de Neruda. Procuro recordá-lo:

> Puedo escribir los versos más tristes esta noche.
> Escribir, por ejemplo: "La noche esta estrellada,

y tiritan, azules, los astros, a lo lejos".
El viento de la noche gira en el cielo y canta.
Puedo escribir los versos más tristes esta noche.
Yo la quise, y a veces ella también me quiso.
En las noches como ésta la tuve entre mis brazos.
La besé tantas veces bajo el cielo infinito.
Ella me quiso, a veces yo también la quería.
Cómo no haber amado sus grandes ojos fijos.
Puedo escribir los versos más tristes esta noche.
Pensar que no la tengo. Sentir que la he perdido.
Oír la noche inmensa, más inmensa sin ella.
Y el verso cae al alma como al pasto el rocío.
Qué importa que mi amor no pudiera guardarla.
La noche está estrellada y ella no está conmigo.
Eso es todo. A lo lejos alguien canta. A lo lejos.
Mi alma no se contenta con haberla perdido.
Como para acercarla mi mirada la busca.
Mi corazón la busca, y ella no está conmigo.
La misma noche que hace blanquear los mismos árboles.
Nosotros, los de entonces, ya no somos los mismos.
Ya no la quiero, es cierto, pero cuánto la quise.
Mi voz buscaba el viento para tocar su oído.
De otro. Será de otro. Como antes de mis besos.
Su voz, su cuerpo claro. Sus ojos infinitos.
Ya no la quiero, es cierto, pero tal vez la quiero.
Es tan corto el amor, y es tan largo el olvido.
Porque en noches como esta la tuve entre mis brazos,
mi alma no se contenta con haberla perdido.
Aunque éste sea el último dolor que ella me causa,
y éstos sean los últimos versos que yo le escribo[10]

■ ■ ■

10 Posso escrever os versos mais tristes esta noite. / Escrever por exemplo: A noite está estrelada. / E arrepios, azuis, os astros distantes. / O vento da noite gira no céu e canta. / Posso escrever os versos mais tristes esta noite. / Eu a amava, e às vezes ela também me amou. / Em noites como esta eu a tive em meus braços. /

Pela Paz e Amizade

Essa viagem foi um convite para participar do Festival Pela Paz e Amizade, que acontecia a cada quatro anos. Nessa época, a URSS estava fechada e apenas convidados podiam entrar lá. Eu estudava no colégio estadual Júlio de Castilhos, que era o maior do estado, com 2.500 alunos, e já era dirigente do Comitê Central Regional do partido e da Organização Nacional da Juventude. Fui escolhido para ser o organizador da delegação do Rio Grande do Sul.

O partido pagou a minha passagem de navio, mas para os outros nove, não. Eram uns quatro ou cinco estudantes e os outros, pessoas mais velhas de Caxias e Uruguaiana. Um primo meu, que já tinha ido para a Europa, me deu umas dicas de viagens de navio e de trem. Quando paramos em Barcelona (Espanha), comprei 1 kg de sardinha em latas. Ficamos comendo sardinha uma semana até chegarmos a Moscou. Desembarcamos em Gênova (Itália) e pegamos um trem com destino a Viena, onde ficamos em um grande alojamento com oitenta a cem pessoas no mesmo salão, até que um integrante da União Internacional dos Estudantes, da então Tchecoslováquia, nos deu passaportes extras, já que o nosso não era válido na URSS. De lá fomos para Praga (República Tcheca),

> A beijei tantas vezes sob o céu infinito. / Ela me amava, às vezes eu também a amava. / Como não ter amado seus grandes olhos fixos. / Posso escrever os versos mais tristes esta noite. / Pensar que não a tenho. Sentir que a perdi. / Ouvir a noite imensa, mais imensa sem ela. / E o verso cai na alma como o orvalho para o pasto. / O que importa o meu amor se eu não soube mantê-la perto de mim. / A noite está estrelada e ela não está comigo. / Isso é tudo. Distante alguém canta. Distante. / Minha alma não se contenta em tê-la perdido. / Como para trazê-la meus olhos a buscam. / Meu coração a procura, e ela não está comigo. / A mesma noite que faz branquear as mesmas árvores. / Nós então, já não somos os mesmos. / Já não a quero, é certo, mas quanto a quis. / Minha voz buscava o vento para tocar seu ouvido. / De outro, será de outro. Como antes de meus beijos. / Sua voz, seu corpo claro. Seus olhos infinitos. / Já não a quero, é certo, mas talvez a queira. / É tão curto o amor e tão grande o esquecimento. / Porque em noites como esta a tive em meus braços, / Minha alma não se contenta em tê-la perdido. / Ainda que esta seja a última dor que ela me causa, / E que esses sejam os últimos versos que escrevo.

Nissim Castiel, em 2000.

onde também ficamos dois dias esperando sermos chamados para ir a Moscou. Quando chegamos, nos levaram para alojamentos. O fim da guerra ainda era muito recente. Morreram quatorze milhões dos duzentos milhões de russos. A paz era uma coisa muito forte para eles. Havia um cerco econômico forte e os soviéticos não podiam sair de lá, nem entrar em outros países, então falar com pessoas de outras línguas era extremamente forte para os russos. Eles queriam saber como era a vida no Brasil e o que nós pensávamos deles. A Rússia era extremamente pobre e o setor de construção era bem atrasado. Não tinha obra pública ou prédio sendo construído. Em compensação não faltava nada em saúde, educação e alimentação. Não existia fome. Não existia pobre. Não tinha esmoleiro.

Eu namorei uma menina, a Vera Zotoba, que era voluntária para atender pessoas que vieram de fora. Quando perguntei por que se inscreveu como voluntária para receber estrangeiros, ela me disse que o simples fato de existir voluntários significava que o movimento havia sido feito.

Eu fiquei vinte dias em Moscou, dez dias na Hungria, sete dias em Praga, sete dias em Varsóvia (Polônia), quatro dias na Iugoslávia, cinco dias na Alemanha e uma semana em Paris (França). Foram quatro meses no total. A delegação brasileira ficou sempre junta. Como eu era um dos dirigentes nacionais, tinha como função receber os russos que vinham nos visitar e combinar um encontro da nossa delegação com a de outros países, distribuindo convites para as festividades culturais e esportivas.

Discurso de Khrushchev

Fui à Rússia um ano e meio depois do discurso de Nikita Khrushchev[11] no 20º Congresso do Partido Comunista. Ele era secretário-geral do partido e primeiro-ministro da União Soviética e denunciou que, na época de Josef Stálin, seu antecessor nesses dois cargos, ocorreram transgressões gravíssimas à liberdade, com assassinatos de pessoas que pensavam diferente deles, além da burocracia que impedia o desenvolvimento do país. Esse discurso foi publicado no *Estadão*, numa época em que se discutia no Brasil os caminhos que Khrushchev tinha proposto, e havia uma desconfiança de que ele realmente tinha falado tudo aquilo.

Quando estive na Rússia, havia um movimento de mudança. Cheguei a conhecer o próprio Khrushchev e descobri que o discurso existiu. No Brasil, pertencia à direção nacional da Juventude Comunista e ao Comitê Regional do Partido Comunista do Rio Grande do Sul. Eu tinha vinte anos e estava nesses dois órgãos há uns cinco anos. Os demais membros tinham por volta de sessenta anos de idade e até quarenta anos de filiação ao partido. Quando falei que o discurso existiu, não houve receptividade. Eu lutei para que houvesse mudança, mas não consegui.

Apesar de ser clandestino, o partido tinha jornais, que abriram essa discussão. Mas como na União Soviética, havia o movimento de centralismo, de apenas uma posição, de uma só voz. Democrático ou pretensamente democrático, os seus dirigentes foram eleitos de uma maneira parlamentarista, cada vez mais indireta. Claro que era difícil ser democrático, com a direção nacional do partido sempre perseguida e escondida. Só que esse não era o único problema. Até o

...

[11] Nikita Khrushchev foi secretário-geral do Partido Comunista da União Soviética entre 1953 e 1964. Em 1958, Khrushchev substituiu Nikolai Bulganin como primeiro-ministro da União Soviética. Em 1964, Khrushchev foi substituído por Leonid Brejnev e passou os sete anos restantes de sua vida em prisão domiciliar, até morrer em Moscou, em 11 de setembro de 1971.

Jorge Amado, que era do partido, escreveu um artigo no jornal com o título "Mar de Lama". Ele não estava pedindo demissão, mas dizendo que o partido estava envolvido em um mar de lama. E ele era um dos comunistas mais conhecidos do Brasil, depois do Luiz Carlos Prestes. Quando o partido desmentiu o artigo do *Estadão*, dizendo que ele foi fabricado pelo FBI, uns oito ou nove integrantes, que também estavam na União Soviética comigo, pediram demissão. Eu continuei, mas deixei os cargos que tinha na direção nacional e na direção regional do Rio Grande do Sul para ficar somente na base.

Questões Políticas
(O Fim da Guerra)

As questões políticas não foram discutidas no festival. Falávamos apenas de organização de ordem prática. O encerramento do festival foi no final da tarde. Do lado de fora do estádio surgiu um balão com o desenho de uma bomba. Quando isso aconteceu havia vinte mil bailarinos. Como só cabiam cinco mil do lado de dentro, eles se alternavam, com lenços brancos na mão. O estádio ficou inteiro branco e as pessoas começaram a chorar. Tinha acabado a guerra.

Além do festival, houve competições esportivas e a execução do hino nacional do vencedor. E o Hino Soviético tocava toda hora, porque eles ganharam a maioria dos jogos. Naquela época, eu tinha o espírito internacionalista proletário. Aquilo começou a me incomodar muito, porque eles não eram internacionalistas, mas nacionalistas. Eles torciam para ganhar, apenas para poder cantar o hino nacional.

A nossa equipe de basquete perdeu. Mas no dia do Adhemar[12], apesar da angústia danada, nossa sorte seria outra. Um saltador

---

12 Adhemar Ferreira da Silva foi um atleta brasileiro, primeiro bicampeão olímpico do país. Conquistou as medalhas de ouro no salto triplo nos Jogos de Helsinque, em 1952 e de Melbourne em 1956.

russo era seu principal adversário. A competição foi muito equilibrada, até que Adhemar finalmente o venceu. Quando começou a tocar o Hino Nacional do Brasil, ele estava lá no meio do campo com a bandeira do Brasil. Eu saí correndo. Todos os brasileiros que estavam do meu lado também saíram correndo. Subimos no alambrado e fomos lá dar um abraço no Adhemar. Foi ali que comecei a duvidar do internacionalismo proletário. Senti que o nacionalismo era uma coisa muito forte. Se abrirmos mão dele, não temos nada. Não foi uma aula teórica, foi uma lição prática.

Turma do Vexame

Na viagem de Praga a Moscou, fomos tocando instrumentos de percussão. Eu toquei triângulo. Nunca havia tocado antes, mas a vontade de fazer parte daquela banda foi maior do que tudo e aprendi. Chamamos a banda de Turma do Vexame, porque éramos em dez e apenas um era músico profissional – os outros aprenderam no trem, como eu. O que nos unia era a música de Carnaval ou samba. As outras delegações levavam quarenta, cinquenta bailarinos, cantores e músicos. Nós cantávamos "Allah-lá-ô, ôôô", mas contagiávamos pela alegria.

Esses dez brasileiros do Rio Grande do Sul se espalharam pela Europa – eu fui para os países do Leste, onde recebi convites para participar de eventos e ouvir o que eles tinham para mostrar. Nos países socialistas, que foram invadidos pela URSS, como a Hungria e a Polônia, só havia discussão política. Eles diziam que tinham aceitado a invasão e tentavam mostrar os avanços socialistas. Eu me comunicava em francês – eu era o único brasileiro nesses países e acabei virando tradutor do francês para o espanhol para os participantes do Uruguai, Argentina e Chile. Fui ver os comícios de Imre Nagy, o então primeiro-ministro húngaro, e tive reuniões com os dirigentes de lá.

Como a nossa volta aconteceu um tempo depois de o festival terminar, fui a Paris, onde estava a maioria dos brasileiros – naquela época, havia uma efervescência cultural muito grande em Paris. Eu passei o 7 de Setembro lá e houve uma comemoração na embaixada brasileira.

Fiquei no mesmo hotel onde Jorge Amado e Fidel Castro costumavam ficar, no Quartier Latin. Fiquei no 5º andar e só havia banheiro no térreo. Era um sufoco para tomar banho. A dona disse que os brasileiros tinham vício em tomar banho.

Movimento Operário

Em 1910 teve uma greve no porto de Rio Grande, no Rio Grande do Sul. O movimento operário no Brasil começou com o anarquismo. Tinha uma música que era meio comunista, meio anarquista, muito interessante. O autor não era músico e já estava preso quando escreveu a letra:

> Nas barricadas dessa rua,
> nenhum fascista há de passar.
> Morte ao covarde que recua!
> Glória ao valente que tomba!
> Camarada, atenção!
> Quem vem lá?
> Gente da reação,
> fogo ela não passará!
> Camarada, atenção!
> Quem vem lá?
> É a revolução que nos libertará!
> A história, um dia, companheiros,
> há de as crianças ensinar

que aqui tombaram brasileiros,
nas barricadas a cantar!
Camarada, atenção!
Quem vem lá?
Gente da reação,
fogo ela não passará!
Camarada, atenção!
Quem vem lá?
É a revolução
Hip! Urra!
Que nos libertará!

Pedra em lugar de coração,
Não há piedade para o tira,
Nem há quartel para o espião.
Camarada, atenção!
Quem vem lá?
É a revolução!

Eu não sei dizer como essa música chegou até mim, mas eu decorei. Quando eu cheguei na Espanha, em 1957, eu brincava com isso. Naquela época, a Espanha ainda estava sob a ditadura de Francisco Franco[13]. Descemos em dez no porto de Barcelona e cantamos essa música por uma avenida. Era um desafio, uma coisa besta, reflexo de nossa criação. Eu tinha pouco mais de dezenove anos. Todos conhecem *A Internacional*, mas existem outras canções, como a *Canção Internacional da Juventude pela Paz*.

∎∎∎

13 O general Francisco Franco governou a Espanha entre 1939 e 1976. Essa época ficou conhecida como franquismo. O Rei Juan Carlos 1º foi o sucessor designado de Franco como chefe de Estado depois de sua morte.

Pensamentos Diferentes

Em 1961, a polícia estava a toda e a situação ficou preta em São Paulo. Eu estava estudando para o vestibular no cursinho Castelões.
– Não vai ser a primeira nem a última vez que vai ter conturbação política nesse país. Vocês estão na véspera do vestibular. Quem se envolver com isso será reprovado. Se não se meterem, eu garanto que todos serão aprovados – disse o professor.
Éramos em dez. Eu pensei que ele tinha razão e não me meti. Porque antigamente sentávamos no bar para tomar chope e discutir filosoficamente. Não importava se era de direita ou de esquerda. Cada um apresentava o que achava que estava acontecendo no Brasil, e não havia briga.

Lembranças

Procuro encontrar um lugar para escrever os meus versos, aqueles de saudade da minha freirinha, ou da perda da minha namorada. Os versos do andino são inspiradores, mas gosto tanto e são tão fortes os versos de Neruda, que tudo o que escrevo me parece banal. Risco aqui, risco ali, percebo que nada vai sair bem. Então, retorno à murada da maneira mais apaixonada. Nesse momento, sinto vontade que o navio navegue para sempre e não chegue nunca a lugar nenhum. Mas lá vai ele, veloz, para o outro lado do oceano. A vida é mesmo difícil de entender. Quase todo tempo desejo chegar logo. O navio, no entanto, nunca pergunta qual é a minha vontade. Ele avança sempre da mesma maneira, sob o sol ou sob as estrelas. De repente, num ímpeto de absoluto sentimento, deixei que toda a minha emoção contida extravasasse a impotência de escrever, declamando os versos de Neruda, o que fiz como um pranto desesperado. Os versos ficaram quase irreconhecíveis, não podia me iludir quanto a esse fato.

Acho que exprimo meus sentimentos de forma piegas, como um velho ator maneirista, que, ao começar, deixa previsível a forma de tudo que vai dizer. Ora, frustração minha de não ter conseguido escrever os meus versos. Nada era mais importante naquele momento do que repetir os versos do outro. Tomá-los como se fossem meus, agora com um pouco de contenção, mantendo a angústia, mas com dignidade, sem expressões faciais exageradas, gestos menores.

Na ausência de um diretor, dou-me estes conselhos, cuidando afinal de alertar-me para o fato de que não devo ocultar meus sentimentos. Como não tenho nenhuma plateia – todos estão jantando –, o céu e o mar são os únicos que aplaudem quando termina.

Esta foi a primeira e última vez que pude pensar ser o protagonista.

A História da Carta e o Encontro Com Minha Esposa

Por conta do trabalho de militante estudantil, fiquei sete ou oito anos fazendo cursinho científico. Eu fazia o 1° clássico, 1º científico, 2º clássico, 2º científico. Eu era um eterno estudante. Em 1961, resolvi vir para São Paulo prestar vestibular para a faculdade de direito.

Eu estava com o Léo, em Porto Alegre, quando o cunhado dele, o Carlos, me perguntou se eu poderia levar uma carta para um grande amigo em São Paulo. Eu disse que levaria. Quando ele foi embora, eu perguntei para o Léo por que ele não colocava essa carta no correio? Ele me respondeu que o amigo dele tinha duas filhas solteiras.

– Não vou levar essa carta – disse.

Em 1963, já em São Paulo, eu estava com um amigo doente e ele não tinha ninguém na casa dele. A gente trabalhava junto num

D. Eva e seu Nissim, em fotografia de 2009.

clube de campo aos domingos. Eu disse para ele ficar na minha casa porque eu tinha uma empregada, a Corina, que poderia cuidar dele. Ele tinha uma namorada, a Mônica. Fui trabalhar às 6 horas. Na volta, lá estava a Mônica e mais uma pessoa na cozinha de casa, indo embora. Essa pessoa me perguntou se eu teria algum programa à noite para fazer. Disse que não.

– Você quer conhecer uma carioca? – perguntou.

Eu disse que sim.

– Passa lá em casa – ela disse.

– A carioca está muito ocupada, não poderá vir, mas eu convidei uma outra amiga para vir – ela me falou à noite.

Eu só conheci essa carioca depois de já estar casado com essa que me convidou, a Eva.

Quando a gente ficou noivo, a vi colocar na lista de convidados: Jacó de Porto Alegre.

– Quem é esse Jacó – perguntei.

– Você deve conhecer por Carlos – respondeu.

– Sim, o cunhado do Léo! O Carlos era muito meu amigo – disse.

"Imagina para quem o Carlos estava mandando a carta? Para o pai da Eva... Talvez, se eu trouxesse a carta não teria casado com ela. O destino é impressionante", pensei.

Saída do Partido

No dia 25 de agosto, o então presidente Jânio Quadros renunciou. O vice-presidente, João Goulart, popularmente conhecido como Jango, estava na China. Não queriam deixar o Jango voltar. O Brizola, cunhado de Jango e governador do Rio Grande do Sul, liderou a campanha da legalidade, mobilizando o estado em defesa da posse de Jango. São Paulo estava em polvorosa. Foi quando o Partido Comunista, que lutava contra o golpe, me deu a tarefa. Disseram para eu ir a um endereço na rua 15 de Novembro tirar todos documentos que existiam em uma sala do escritório cultural Brasil-Tchecoslováquia. Era para levar tudo embora. A polícia inteira estava nas ruas, mas eu fui.

A tarefa seguinte foi fazer a guarda na gráfica do jornal do partido, na Liberdade, junto com mais dois companheiros. Me deram até um revólver. Eu disse que nunca tinha atirado na vida. Em quem deveria atirar? Contra o Exército? O jornal do partido falava contra o governo. Fiquei de guarda, mas não aconteceu nada naquele dia. Dois dias depois, a polícia foi lá, quebrou tudo e prendeu todo mundo que estava lá. Daí, eu percebi que as tarefas que estavam dando para mim não tinham nada a ver com ser estudante ou com o que eu estava acostumado a fazer.

Não os procurei mais. O partido estava seguindo uma linha autoritária, e eu pensei e já não concordava mais com a linha política que estava seguindo. E ainda por cima tinha de fazer coisas daquele tipo. Não quis mais e saí do partido. A minha militância estudantil foi mais no Rio Grande do Sul.

Lembrei que em São Paulo já havia sido preso uma vez, durante o Congresso Nacional do Partido. Foi mais ou menos em 1952 ou 1953. Na época, eu era menor de idade – devia ter uns quinze para dezesseis anos – e me soltaram.

Prisão

A saída do partido foi muito difícil. Foi como perder pai e mãe. Pior, foi como perder um pensamento, um sentimento que tinha orientado toda a minha juventude. Mas a minha sensibilidade já estava aflorada, por causa do teatro, como uma espécie de radar que dizia que alguma coisa estava estranha. Aconteceu uma debandada muito grande naquela época. Acho que nunca mais o partido conseguiu se estruturar com aquela força.

Na universidade eu continuei no movimento estudantil, no centro acadêmico. Quando estava no quinto ano, desisti. Não quis mais, não pretendia ser advogado. A faculdade era uma coisa romântica de busca.

No dia 5 de abril de 1964, fui um dos primeiros a serem presos. Eu trabalhava como gerente de uma empresa do clube de campo, quando veio a polícia-política e me deu ordem de prisão. Eu não pertencia mais ao partido, mas o meu irmão, sim, e morávamos juntos.

Dois dias antes, o João Amazonas, um cara da direção nacional do PC do B, entregou fitas gravadas para o meu irmão guardar. Ele me contou que essas fitas estavam escondidas em algum lugar dentro da nossa casa. A primeira coisa que disseram quando estavam me prendendo foi que iriam até minha casa. O meu irmão estava escondido na Bahia.

Eu chamei um corretor que conhecia a pessoa que trabalhava lá em casa, a Corina, e pedi para ele falar para ela pegar uma caixa de fitas gravadas, sumir e só voltar quando eu falasse com ela. Deu medo. Os caras do Dops me levaram para casa, na avenida Higienópolis. Pararam uns cinquenta metros antes, fomos a pé e subimos. Vi um pratinho de comida pela metade, tudo solto em cima da mesa da cozinha, e pensei: "Coitadinha da Corina". Imaginei que ela pegou o recado e saiu correndo com a caixa de fitas, deixando tudo para trás, tudo pela metade. No fundo, me deu um grande alívio porque eu não saberia explicar aquela caixa de fitas. Eu nunca soube o que estava gravado naquelas fitas.

Eles começaram a procurar coisas pela casa toda, mas não acharam nada. Foram na biblioteca da casa – havia de tudo, Marx, Lênin, Stálin, Mao Tsé-Tung. Eles olhavam, olhavam e não achavam nada. Eles estavam procurando livros comunistas, mas como não conheciam nenhum dos autores, não acharam nada. Não era uma coisa tão simples, até que viram o livro *Guerra e Paz*, de Leon Tolstói.

– Está aqui. Achamos – disseram.

E derrubaram da prateleira os dois volumes. Depois, eles acharam o resto. Pegaram todos os meus livros, colocaram num lençol e levaram embora. Fui interrogado no dia seguinte pelo Fleury.

Aqui tem uma coisa bem delicada: o Fleury que bateu em muita gente, matou muita gente e fez misérias com muita gente, quis saber de quem eram os livros e onde estava o meu irmão. Ele disse que estava esperando a minha ficha de Porto Alegre, que ele havia mandado buscar.

Ele não me bateu. Pode ser que ainda não estivesse estruturada a ditadura, coisa que aconteceu depois.

– Eu não vou bater em você para que me diga onde está seu irmão. Esses livros, evidentemente, são seus. Quero saber o que vem de Porto Alegre – disse.

Porém, não veio nada, não havia ficha nenhuma.

Não me bateram e me soltaram às 3 horas da manhã na praça General Osório. Ali era zona de meretrício e tráfico de drogas. Pensei: "Putz, me soltaram aqui a essa hora para me matarem. Ter me deixado aqui nesse lugar, às 3 da manhã." Entrei num bar, telefonei para a minha namorada e disse que estava solto. Ela disse que viria me buscar.

– Não, não vem. Se eu não chegar em meia hora, me mataram – respondi.

Mas não aconteceu nada. Foi mais fantasia da minha cabeça.

Dois Lados da Vida

Descobri muitos anos depois o que aconteceu com a ficha de Porto Alegre. Conforme relatado algumas páginas atrás, naquela turma de boemia, de fazer versos, um dos frequentadores havia se formado em direito e virado delegado de polícia. Dadas as nossas relações, ele havia escondido a minha ficha.

Aprendi muito com essa situação. Para ele, o fato de eu ser comunista não queria dizer nada. Já para mim, ele ser delegado dizia muita coisa. Me senti mal por isso. São radicalismos que o teatro faz com que a gente atenue e aprenda a lidar melhor. No teatro, aprendemos que existem os dois lados em todo ser humano. Não é possível fazer uma personagem com um lado só.

Livros de Volta

No final da década de 1960, conheci um agente da Polícia Federal. Contei o que aconteceu comigo e ele me disse:
– Você quer seus livros de volta?
Respondi que sim.
– Eu arrumo para você – falou.
Passada uma semana, ele me telefonou e me indicou alguém que me devolveria os livros. Fiquei com medo de que quisessem me prender, mas fui. Subimos o elevador até uma espécie de acervo onde guardavam todos os livros apreendidos. Havia pilhas e mais pilhas de livros. Impressionante! Eu, ingenuamente, havia pensando que os meus estariam separados, mas estava tudo misturado.
– Pegue o que você quiser – disse.
Eu identifiquei os títulos que eram meus, mas não eram os meus livros. Eram outros exemplares. Na minha cabeça vinha o seguinte pensamento "já mataram o dono desse livro, desse outro também. O desse está preso. O desse outro torturaram". Saí de lá sem pegar livro nenhum.
A visão daqueles livros me atormentaram durante muito tempo. Acho que até hoje me atormenta. Aquela coisa toda misturada parecia uma vala comum, aquilo me deixou muito mal. Preferia não ter ido. "Por que aconteceu esse privilégio comigo?", pensei. Acho que fariam isso com qualquer um. Eles viram que aqueles livros não queriam dizer nada. Eles apreendiam livros com frequência. Entravam na casa das pessoas e iam direto nas estantes. Pelo menos foi a primeira coisa que eles quiseram pegar dentro da minha casa.

Tive esse privilégio, que foi traumático. Ou foi um jogo para que eu não entrar na onda da turma que estava agitando demais.

Mudança Radical

Depois de 1968 ajudei três pessoas irem para o Mato Grosso, de onde elas saíram do Brasil através do Paraguai. Não fiz isso por conta do partido. Fiz por conhecer essas pessoas. O meu irmão foi preso em 1968. Ficou cinco anos escondido, mas foi preso, espancado – quebraram costelas dele –, assim como outros grandes amigos meus. Então, ficamos na aventura? Não, partimos da aventura e entramos todos dentro do processo.

O partido me ensinou coisas importantes e não há como lamentar ter feito parte dele. Participei no momento em que ele era o único partido, a instituição que lutava por ideais humanos interessantes.

De repente, eu estava do outro lado da situação. Quando saí do partido e comecei a trabalhar, vi que o pessoal dava muito valor à roupa em São Paulo. Senti isso porque de uma hora para outra eu não tinha roupa para vestir. Não interessava o nível cultural na corretora de valores. Antes, eu não tinha uma gravata, não tinha paletó, não tinha vestimenta completa. Enquanto eu não estava trabalhando, isso não me incomodava. Nem sabia que não tinha roupa. Quando comecei a trabalhar, sentia as pessoas me olhando. Impressionante. No trabalho intelectual, não há necessidade de roupa. Num trabalho comercial, se você não tem roupa, ninguém te atende. Tive que comprar roupa e entrar nesse ritmo que não me agradava, mas era obrigatório.

Comunismo x Capitalismo

Depois que eu saí do partido, comecei a trabalhar no lugar do meu colega de apartamento na Bolsa de Valores. A catedral do capitalismo é a Bolsa de Valores! O Delfim Neto abriu um fundo para quem quisesse comprar uma corretora. Vendi meu carro e comprei.

– Nissim, você vendeu seu carro por uma folha de papel! Não é empresa nenhuma. É o direito de ter uma corretora – disse-me o meu sogro.

Eu não dormi naquela noite. Fiquei muito preocupado. "Puta que o pariu! O que eu faço com essa folha de papel", pensei, mas lá fui eu.

O partido e o teatro fornecem elementos fantásticos de planejamento, organização, disciplina, estabelecimento de estratégias, objetivos e de como enfrentar obstáculos. Naquela época, eu ainda não havia feito teatro, mas com o que eu tinha aprendido no partido eu organizei a corretora muito facilmente, apesar de nunca ter trabalhado no mercado de capitais.

Aconteceu um fenômeno interessante no primeiro dia de aula na faculdade. No primeiro dia de aula, eu cheguei com um Mercedes e parei na porta. Quando vi como as coisas eram lá dentro, fiquei com vergonha de ter um Mercedes. Na saída, junto com os meus colegas, passei pelo carro como se não fosse meu. Fomos para um bar e ficamos batendo papo sobre as aulas, a história de cada um e a necessidade de transmitir para os outros o nosso envolvimento, sensações e sensibilidade.

Depois que me despedi, voltei para o estacionamento da faculdade e peguei o Mercedes. Eu morava perto da rua São Vicente de Paula, largava o carro lá e vinha a pé para a faculdade. É interessante. O símbolo de status na corretora de valores era a minha sentença de exclusão social na escola.

Sucesso na Corretora

A minha corretora cresceu rapidamente e chegou a ser a quarta maior das 124 corretoras da cidade. O Citibank era meu cliente exclusivo. Tinha dias em que minha corretora fazia o maior movimento da Bolsa. Eu me lembro de um fato engraçado, que foi um sinal fortíssimo para eu mudar de vida.

A corretora ficava em um andar do Edifício Itália, no centro de São Paulo. Um dia, quando cheguei para trabalhar, o prédio estava interditado porque havia pegado fogo em uma lixeira no 29º andar. Naquele dia, eu tinha que pagar uma quantia muito grande do Citibank na Bolsa de Valores, mas todos os cheques estavam lá em cima e não tinha como eu pegá-los. Fui ao banco Comind, onde tinha conta, e peguei um cheque avulso. Quando estava indo ao Citibank, começou a chover e eu me molhei inteiro. Ao chegar na avenida Ipiranga, não quis entrar todo ensopado. Fiz o cheque, com um valor altíssimo, de uma compra que o Citibank havia feito naquela semana, e pedi para o porteiro entregá-lo no banco – a moeda tinha mudado e perdido três zeros naquela semana. Trinta segundos depois, dois guardas com dois metros de altura me prenderam. Era uma quantia imensa e ninguém me conhecia no prédio do meu maior cliente. Expliquei que o diretor do banco me conhecia, mas não queriam chamá-lo. Quando ele veio, explicou o mal entendido e eles me soltaram.

Essa foi a gota d'água para eu decidir vender a corretora. Nessa época, já estava fazendo o Macunaíma. É impressionante como a vida nos coloca em situações em que precisamos mudar. Foi o renascimento. Aquele velho Nissim ficou morto no saguão do banco.

Decidi vender a corretora de valores. Falei para a minha mulher e os meus filhos. Expliquei que a nossa vida iria mudar, mas não senti muito porque, na verdade, aquela ostentação toda me incomodava. Ter um Mercedes não fazia muito sentido para mim. Eu morava no mesmo apartamento que o meu sogro havia me dado quando me casei e continuei morando lá. Nosso padrão de vida só mudou mesmo quando decidi viver de teatro.

Pequena História da Relação
Com a Mãe e o Casamento das Tias

Havia muita cumplicidade com minha mãe, que viveu até os 99 anos, em 1999. Com criança ela lidava bem, mas o coração e a emoção eram secos. Nunca vi minha mãe rir de alegria. Ela sorria e fazia o que tinha que ser feito na casa e com os filhos, mas não tinha amorosidade conosco. Nem minha mãe nem meu pai jamais brincaram comigo. Nunca me contaram histórias. Meu pai cantava para mim música de cabaré. Naquela época, as cartas eram lidas na hora do almoço, não tinha como ligar, mandar e-mail. Não era só na minha família. A minha mãe veio para o Brasil e deixou duas irmãs na Turquia.

Ela escrevia para as irmãs, que contavam o que estava acontecendo. Meu pai, na hora que chegavam essas cartas, convidava o irmão dele, que era mais novo, para ouvir as histórias. Ele se apaixonou pelo jeito que a irmã da minha mãe escrevia. Ele sabia escrever e enviou uma carta para ela falando da paixão que sentia pelo jeito dela de escrever. Então, ela pegou um barco e veio se casar com ele. Ele morreu moço, em 1946, aos 36 anos, e a minha tia devia ter uns 35 anos, linda. Sei que ela recebeu muitas propostas de casamento, mas não se casou mais. Acho que ela morreu porque não quis mais viver mesmo, aos cem anos.

Antes disso, a minha outra tia namorara um búlgaro. Ele voltou para a Bulgária e mandou uma carta para ela ir para lá. Ela tinha dezessete anos, em 1915, e o pai dela, o meu avô, era alfaiate. Ele foi buscar a filha e estourou a Guerra dos Bálcãs. Ele foi preso e morreu de gripe espanhola na prisão. Ficaram as quatro filhas

A mãe e as tias no Rio de Janeiro: Rebeca Herlinguer, Joya Castiel e Ema Neama Castiel.

órfãs e a minha avó, que nunca havia trabalhado. Um desastre! Pois não é que esse namorado foi para Cuba. Ela foi atrás do cara e se casou com ele. Depois de muito tempo, ela foi para o Rio de Janeiro, depois da morte dele e morou com a irmã.

A Estética Desempata o Jogo Entre Dois Mestres

Há uns dez, doze anos, encontrei com dois amigos de São Paulo em Paris, o Aron e o Rogério Costa. O Aron é pesquisador na área da agricultura e o Rogério é filósofo. Era 8 de junho, dia de meu aniversário, e fomos num museu. Eles quiseram comemorar meu aniversário. Eu pedi para escolher o lugar, o Moulin Rouge! Estava querendo me lembrar da American Boate, mas são tempos modernos. Hoje é somente para turista, virou show. Ninguém dança. Virou um museu vivo e não conta com a participação dos *habitués*.

— Quero levá-los num bar chinês, onde todo mundo joga um jogo que se chamava *mahjong*, não tenho certeza, cheio de pedras coloridas — disse o Rogério, na saída.

Lá fomos nós. Nos falaram como se jogava. Olhamos para dois caras que estavam num salão mais alto. O Rogério os cumprimentou e perguntou:

— Sabem por que esses dois estão isolados? Porque esses dois são mestres. Querem conhecê-los?

Eu disse que sim.

Chegando lá, eles nos perguntaram se queríamos jogar. Eu respondi que tinha aprendido recentemente.

— Não tem importância. Coloque as vinte primeiras peças — disse um deles.

O Rogério pôs e perdeu.

— E entre vocês, quem ganha? — perguntamos.

– Ninguém. Não conseguimos ganhar um do outro. Há anos que jogamos e só dá empate – responderam.
– É chato jogar e dar empate – eu disse. – Mas nesse jogo, não tem empate. Acaba empatado, mas tem um critério de desempate: a estética das pedras que sobraram – disse um deles.
– Esse é meu presente de aniversário para você – disse o Rogério.
Muito simbólico. A vida sempre dá sinais. Quem presta a atenção sabe o que fazer. Podemos sistematizar o conhecimento sabendo ouvir a própria percepção.

Filha na Alemanha

Cerca de 35% da população mundial vive fora de seu país de origem. Eu sou filho de imigrantes e sei o peso que isso significa. Passei a minha infância inteira ouvindo o meu pai e a minha mãe falando das dificuldades de ser a primeira geração de estrangeiros num outro país. Mas eles tinham muito carinho pelo Brasil.

A minha filha Joyce mora na Alemanha há mais de vinte anos. Nos primeiros dez, ela só falava em voltar. Agora, não fala mais, mas eu sei que se pudesse estaria aqui. Ela estava bem no Brasil, mas o namorado dela morava na Alemanha e ela foi para lá. Tenho três netos que moram lá, mas eles nasceram no Brasil.

2.

Guinada Rumo ao Teatro

A Importância do Curso de Oratória

Quando eu tinha dezessete anos e ainda morava no Rio Grande do Sul, achava que as pessoas que faziam teatro eram "espiroquetas". Esse termo antigamente designava alguém destrambelhado, sem princípios éticos, morais, políticos ou sociais. Para mim, o pessoal do teatro estava em outro mundo. Naquela época, além de estudar, eu tinha como obrigação moral ajudar a política a não ser tão desastrosa e a trabalhar para que o nosso petróleo não fosse entregue aos estrangeiros.

Minha relação com o teatro e a arte-educação remonta a uma época anterior ao meu primeiro exercício efetivo nessas áreas. Estávamos em plena ditadura, e eu fazia o curso de oratória ministrado pelo professor Melantonio. Suas aulas não eram apenas voltadas ao ensino da arte da fala. Tinham acentos cultural e histórico muito densos, além de uma maneira especial de articular diferentes conteúdos.

Na pequena salinha do primeiro andar da rua Bela Cintra, região central de São Paulo, tive um ano extremamente produtivo. Era um refúgio, onde podíamos desabafar a angústia de estarmos vivendo sob a ditadura militar, de saber de amigos, parentes e conhecidos sendo presos e torturados. As aulas com Melantonio eram instantes de empolgação, ainda que breves, e me faziam esquecer um pouco as agruras de ter um tio e um irmão presos e incomunicáveis, além de vários amigos desaparecidos ou mortos.

Questionamentos impossíveis em outros lugares ali encontravam espaço, embora nem sempre às claras. Mesmo veladamente – e talvez até por isso –, a verdade de nossos corações aparecia sem deixar lacunas à mostra.

Naquele espaço eu procurava agir como se estivesse adivinhando o breve futuro, quando a vitalidade colorida das diferenças pudesse novamente florir.

Foi então que o professor Melantonio propôs uma formatura, no anfiteatro, com orador oficial e paraninfo. Em uma votação, o então senador Franco Montoro – que se destacava na luta contra a ditadura – foi escolhido como paraninfo. Fiquei muito feliz com a escolha.

O aluno que faria a saudação ao senador seria escolhido numa espécie de concurso. Foram divulgados vinte temas e os inscritos deveriam sortear um deles cinco minutos antes da apresentação. A oportunidade de falar em público para saudar a combatividade de Franco Montoro no Congresso Nacional fez com que me inscrevesse.

Mas havia uma armadilha no concurso, já que seria impossível preparar um discurso para cada um daqueles temas em dez dias. Teria de ser um de improviso. Infelizmente, não me lembro qual foi o tema que me coube.

Nos cinco minutos que tinha para mentalizar a ordem e o conteúdo da minha fala, desci as escadas para respirar um pouco o ar da noite. Uma brisa suave soprava. Levantei os olhos. O céu estava azul, com pequenas nuvens brancas paradas. Nada que indicasse uma tempestade.

Estabeleci o que iria dizer. Não poderia estar melhor preparado e senti uma calma muito propícia. O meu objetivo era ganhar o concurso. Rememorei todos os conceitos recebidos naquele ano, procurando a aplicação prática no projeto que havia estabelecido. Como sempre, a prática é a grande demolidora das teorias. Olhei o relógio, estava na hora. Também era hora de acreditar nos meus instintos e principalmente no que eu ia dizer. Ganhei o concurso e, antes de fazer a palestra de saudação como orador oficial, o professor Melantonio disse:

– O Nissim ganhou não por ser o melhor orador, mas porque ele é ator. Nissim, você é ator de teatro, rapaz. Vai fazer teatro! Abriu uma escola que é só de gente boa. Vai lá – sugeriu.

Eu, que já andava cansado da Bolsa de Valores e da rotina como dono de corretora, gostei da ideia. E resolvi seguir seu conselho. A Escola de Teatro Macunaíma tinha acabado de se mudar para a rua Lopes Chaves. Tinha exatamente uma semana de vida lá. Era um núcleo de arte-educação à frente do tempo, com métodos inovadores para aquela época de opressão e incomunicabilidade em que vivíamos. Pensei comigo: "Vou fazer teatro mesmo!" E lá estava eu em frente à escola, em minha primeira visita, para fazer a matrícula.

Frio na Barriga

Pensei que seria um simples curso para me distrair um pouco. Estava longe de imaginar que naquele momento daria o primeiro passo rumo a uma situação de confusão e incerteza, que abalaria as linhas mestras do meu padrão de ação.

Ao chegar à recepção, encontrei uma jovem senhora, com um pé em cima de uma cadeira, limpando as unhas. Me assustei diante da cena. E logo percebi que aquela mulher era a atriz Myriam Muniz, que eu já conhecia das peças do Teatro de Arena.

– Eu acho que entrei no lugar errado. Aqui é uma escola de teatro? – disse, receoso.

Com seu vozeirão metálico, Myriam me convidou a entrar.

— Você Já fez teatro? — perguntou.
— Teatro propriamente não, mas eu fiz um curso de oratória — respondi.
— Vai ser muito útil aqui. Pode se inscrever — disse ela.
Foi o que fiz. No curso que ela me indicou, era terminantemente proibido falar na maior parte do tempo. Mesmo assim, encantei-me com o despojamento da escola, um espaço sem móveis, com as paredes vazias, regido pela total falta de formalidade, desprovido das nossas conhecidas regras de mando e obediência. A equipe de professores era forte, composta por Sylvio Zilber, Myriam Muniz, J.C. Viola, Naum Alves de Souza e Zé Rubens Siqueira. A liberdade parecia predominar naquele lugar, onde a arte e o ensino apontavam para novos rumos.

Voltei na noite do primeiro dia de aula. Quando me dei conta de que dentro de alguns minutos teria uma aula de teatro, fiquei assustado. Uma súbita tontura me fez encostar na parede. Senti um misto de excitação e terror. Lembrei-me de quando pulava do último trampolim na piscina. Eram dez metros de altura, o equivalente a mais de três andares de um prédio. Eu pulava de pé. Nunca tive coragem de pular de cabeça. O percurso parecia durar uma eternidade. Pairar no ar proporcionava excitação. O choque iminente com a água me fundia uma enorme apreensão. Esse era o meu estado, quando percebi a alegria da maioria dos outros que lá estavam.

Tentei enfrentar o medo comunicando-me com aqueles que estavam mais próximos. De nada adiantou, pelo contrário. A descontração me provocou um receio ainda maior. Percebi, então, quantas vezes na minha vida o medo tinha me assombrado e lá estava eu com medo outra vez. Quantas vezes o medo se apossou de mim, criando aquela confusão mental que provavelmente todos conhecem.

Como lidar com o medo? Eis a questão.

— Tirem os sapatos e entrem na sala — disse alguém, com voz firme.

Tirem os sapatos? Engraçado... Tirar os sapatos, coisa tão simples, mas difícil naquela circunstância, porque era o indício concreto da iminência de acontecer justamente o que me causava pavor: o início da aula.

Como a distração não dera nenhum resultado, procurei contato total com o medo. Enquanto tirava os sapatos, procurei voltar toda a minha energia para focar a mais completa atenção para o significado do medo. Na maioria das vezes, temos algum tempo para resolver. Agora, o desafio era imediato. O pensamento não ajuda muito nessas horas. O pensamento cria palavras e as palavras torcem o sentimento.

O ano de 1975 sinalizava transformações. Talvez eu não imaginasse que entrar em uma escola de teatro fosse condicionar uma transição tão importante em minha vida. Eu, que estava acostumado a falar, estudante da faculdade de direito, envolvido em política, no movimento estudantil, orador oficial do meu grupo, percebi que aquela extroversão não seria funcional naquele curso. De repente, eu não podia só falar. Também tinha que me comunicar e me expressar corporalmente. Precisava ultrapassar a palavra. Mas, para meu desalento, percebi que o meu corpo tinha perdido a expressão.

Em outras palavras, eu havia me tornado uma pessoa excessivamente formal, com as feições e travas de um homem de negócios, com sua Mercedes branca e sua carteira de sócio do Jockey Clube – na época, duas condições principais de *status* para um diretor de corretora. Senti que minha vida, até aquele momento tomada pela rotina e repetição, tinha que alcançar novos voos e aquela era a vez de trabalhar toda sensibilidade por vezes contida.

Naquele curso, primeiramente um intensivo de um mês, pude experimentar uma espécie de desdobramento de mim mesmo, uma expansão em que o autoconhecimento e a relação com o outro eram pressupostos fundamentais. Seguiram-se, a partir daí, mais seis meses em outro curso extensivo. Paralelamente, estudei expressão corporal com J.C. Viola, experiência que me levou a procurar um trabalho de fisioterapia, pois percebi que o meu corpo precisava de uma revolução.

Todo o processo foi gradativo, pacientemente vivenciado por um homem com seus 36 anos de idade – eu era o mais velho de uma turma de quarenta alunos.

Mudança na Vida

Eu virei de cabeça para baixo com essa experiência inicial. Lembro-me de dois fatos relevantes. Em uma ocasião, ao correr para me proteger da chuva, entrei numa casa que tinha o chão de mármore, coloquei o pé num capacho, que derrapou e me fez dar uma cambalhota. Na época, eu fazia terapia junguiana, e levei o acontecimento ao consultório.

– Você está virando de cabeça para baixo – disse o terapeuta.

Pouco tempo depois, após fazer uma pequena cirurgia, fiquei com os pés para o alto e a cabeça para baixo, ao deitar-me em uma cama solta, sem perceber. Eram sinais concretos da mudança que ocorria em minha vida.

Essa transformação impactou bastante minha família e meu trabalho. Eu tinha três filhos pequenos e minha esposa, que já enveredara pelo caminho das artes como pintora, aceitou minha decisão. Minha cabeça estava completamente fora daquele ritmo repetitivo e rotineiro da Bolsa de Valores, voltada cada vez mais à percepção e à sensibilidade estimuladas nos trabalhos do Macunaíma.

As propostas do curso eram absolutamente inusitadas, como o exercício de confiança com um colega de palco, no qual saí de olhos vendados pela rua Lopes Chaves, conduzido por um outro aluno. Ele fazia o papel de surdo-mudo e eu, de cego. Ambos estávamos impossibilitados de qualquer comunicação verbal e visual e tínhamos como desafio atravessar a avenida São João, a mais importante via de tráfego na época, com seus bondes e carros.

Os exercícios de sensibilidade eram propostos por José Rubens Siqueira. Em um deles, entrávamos numa sala escura e tínhamos estímulos sensoriais através de contatos com objetos, odores e piso molhado, além da interação com o parceiro. Em um contato essencialmente humano, podíamos sentir sua temperatura e seu cheiro. Continuei meus estudos, integrando outros cursos, como o de preparação de atores. Após dois anos de todo aquele movimento empírico com o qual havia me envolvido, decidi vender a corretora de valores. Era um passo imprescindível em minha vida. Era o encerramento de uma fase e o ponto de partida para uma trajetória na qual a arte, aliada ao pensamento ideológico e à militância, tornava-se um alicerce para a continuidade.

Teste Final no Macunaíma

Em 1980, havia uma preocupação mundial de como um país desenvolvido como a Alemanha, que tinha a mais importante pesquisa científica e cultural do mundo, fez do seu povo um povo nazista. Uma universidade americana fez uma experiência para tentar explicar como isso havia acontecido. Estudantes foram colocados em frente a um painel de vidro diante de atores contratados representando prisioneiros. Disseram que os "detentos" estavam lá voluntariamente para participar do teste: "A dor ajuda a memória? A dor pode fazer com que para eu não ter dor, eu tenha mais memória?" Depois, eles seriam soltos. Os estudantes estavam diante de uns botões com choque elétrico, de 60, 110, 220, 300, 400, 500 volts e uma caveira. Antes de o teste começar, os alunos levaram um choque de 110 volts para sentir como era. Então, faziam uma pergunta e davam um choque de 110.

— Não! Chega! Não quero mais fazer teste nenhum! Me solta daqui! – dizia o cara, transtornado.

— Continua, continua — falava o coordenador.

E assim foi. Cerca de 90% dos alunos aplicaram o choque final, anterior à caveira, porque tinha gente dando ordens, dizendo para fazer aquilo. Conclusão: não somos responsáveis pelos nossos atos. Um indivíduo, seja ele um cidadão, soldado, cabo ou sargento, que tenha um oficial por trás dizendo "Faça!", faz sem se sentir responsável por aquela ação.

A última aula do Macunaíma era mais ou menos assim. Quando cheguei no último dia de aula, havia cinco professores parados na porta, com postura militar. Um deles estava de óculos escuros e outro, de chapéu.

— Tire o sapato! Não pode fumar! Não pode falar! Não pode mais nada! Entre e fiquequieto! — disse um deles.

Era exatamente o inverso de tudo que já tínhamos feito. Como queria continuar estudando e entrar no PA I (curso de preparação de atores, nível 1), pensei: "vou fazer o que eles quiserem".

A gente tinha que dizer quantos palitos de fósforo cabiam na medida do chão, na altura da sala. Quantos palmos de mão ou cartões de número um há nisso ou naquilo.

— E se eu pagar, posso entrar no PA I sem acertar essas perguntas? — alguns alunos perguntaram.

— Isso não é comigo. É com o fulano, mas ele está ocupado — respondiam. Quando chegava nele, estava lendo jornal e mandava, de forma cada vez mais violenta, fazer o tal teste de medir o chão, a parede etc.

Um dos professores teve o desplante de dizer:

— Como não vou saber o nome de vocês, façam uma fila e escrevam o nome. Daqui para frente, vocês vão ser chamados pelo número à esquerda do nome. Quer dizer, num breve instante, nos transformaram em números. E a gente aceitou. Para continuar no curso, tenho minhas dúvidas se não aceitaríamos até lamber o chão.

Se alguém dizia:

— Não quero mais fazer. Não quero, não quero, não quero.

O professor respondia:

— Já que você não quer mais fazer, não fará. Mas fala para os outros o porquê, para eles pararem também.
— Ah, professor, eu faço. Ou seja, mesmo quem esboçava uma reação, acabava aceitando seguir cumprindo ordens. Que loucura! Quem terminasse essa aula fazia o vestibular. Era embaixo da escada. A gente entrava de um em um.
Assim entrávamos naquela sala — hoje é proibido fumar, mas naquela época tinha uns dez caras fumando lá dentro.
— Por que você quer fazer? Você sabe que ator não ganha nada? Você sabe que ator morre de fome? — perguntavam.
Ou seja, era preciso provar que passaria por qualquer dificuldade para ser ator. Há 35 anos era extremamente importante você provar que estava disposto a passar por dificuldades para ser ator. Depois da maratona de teste e fumaça, o aspirante a ator tinha que apresentar, na base do puro improviso, uma cena. Detalhe: isso não foi ensinado na etapa anterior do curso, a básica.
Dos quarenta alunos, quatro não tiveram coragem de fazer o PAI. Eu optei por fazer o Básico outra vez. Na verdade, eu fiz quatro vezes o Básico. Sempre havia professores diferentes. As aulas nunca eram as mesmas.

Pretensão

Havia um "batizado" dos alunos após a conclusão do Básico. Em uma das vezes, o Sylvio, que ainda era diretor na época, conseguiu que o Corpo de Bombeiros jogasse espuma na quadra de basquete que ficava ao lado da escola, na Eduardo Prado. A espuma ficou até a altura do peito. Todo mundo tirou a roupa, pintou o corpo e o batizado foi lá. Que maravilha, lindo momento da escola!
Nessa época, os alunos não estavam interessados em ser atores, embora tenham virado. O objetivo de cada um era trabalhar

a sensibilidade, a criatividade e entender como funciona o ser humano. Nas relações, havia um lado, digamos assim, sensível, que não era movido pela competição. Éramos pessoas procurando crescer nesse aspecto e não existiam muitos lugares assim.

O Macunaíma foi precursor desse tipo de trabalho, de crescimento pessoal, através das peças de teatro, do corpo e de jogos. Os alunos tinham mais idade do que os de hoje, uns 27 ou 28 anos de idade. Hoje, a média é mais baixa. E os alunos invariavelmente pretendem ser atores. Por isso, o curso nem sempre contemplava a formação técnica que hoje os atores precisam ter.

A formação de um artista não envolve somente o lado técnico. Há também o lado humano, da compreensão social e do entendimento político das coisas. Hoje existe uma democracia muito firme no Brasil. A moçada nasceu já no regime democrático. E já vota com dezesseis anos. Naquela época, não podíamos escolher nossos representantes. Hoje, a participação política é bem pequena. Parece que precisa haver opressão para haver reação.

Sinto falta de tratarmos temas políticos no teatro. Não vamos mudar o mundo, não podemos ter essa pretensão. Mas o teatro pode tirar as pessoas da alienação e do desinteresse. A arte sempre teve grande participação no clima político. Acredito que esse é o momento de discutir essas questões.

Macunaíma à Venda

A minha vida mudou e deu um giro de 180° depois que eu entrei no Macunaíma. Eu fiquei muito amigo do Sylvio Zilber e da Myriam Muniz. Um belo dia, ele me disse:

– Nissim, estou de mudança para o Rio de Janeiro. Me transferiram para lá (ele trabalhava no Conselho Nacional de Teatro). Acho que vou fechar a escola. Não está dando mais. O débito está enorme. Não tem solução. E ainda tenho que mudar de São Paulo para o Rio.

Ele me disse que havia duas mulheres interessadas em comprar o Macunaíma. Mas queriam que continuasse no nosso nome – eu já era sócio do Sylvio, mas apenas por questões fiscais. As pretendentes foram lá em casa, acompanhadas dele. Não consegui dormir naquela noite. Fiquei pensando: "O que você está procurando é o Macunaíma. Você já administrou, já fez política, já fez de tudo."

Às 8h da manhã, telefonei para o Sylvio.

– Eu compro a escola nas mesmas condições das meninas – falei.

– Vai para lá agora e já assume – foi a resposta.

Assumi o Macunaíma em 2 de abril de 1980. A minha intenção era fazê-lo reviver. Para isso, eu precisava de alguém que também soubesse fazer teatro. Afinal, a parte administrativa eu já dominava.

Decidi fazer uma pesquisa com os alunos para saber como estava a escola, se era boa e quais eram as críticas. Perguntei para uma aluna o que achava da escola e ela me disse que o Macunaíma só tinha nome.

– Como assim? – questionei.

– Essa escola não vale nada. Seu Nissim, no semestre passado, o professor falou que não se interessava por nada que eu estava sentindo. Para não colocar os meus sentimentos em cena. Que queria ver o que eu fazia. Eu procurei seguir o conselho, fazer coisas sem sentir nada. Porém, logo em seguida, outro professor me disse que só interessava o que eu sentia. Que escola é essa? – criticou a aluna.

– Os dois professores têm razão. É difícil de explicar. Mas se você conseguir aprender as duas coisas, vai ser ótimo – disse à aluna queixosa.

Fui de sala em sala para me apresentar como diretor e ver como a escola funcionava. Estava preparado para ouvir mais reclamações. Após sair de uma turma, pensei: "Puxa, os alunos do Macunaíma são pobres mesmo. Todo mundo maltrapilho. Por isso que não dá certo. Ninguém paga a escola. A escola não paga o professor. Desse jeito não vai mesmo!" Depois, ao comentar com um professor essa minha observação, ele me explicou que aquela turma estava montando *Homens de Papel*, de Plínio Marcos. Por isso todos estavam com roupas simplérrimas.

Confusões à parte, eu procurava me colocar à parte dos problemas dos alunos. Procurei saber o que seria bom para um ator e uma atriz que iriam trabalhar em um país que estava saindo de uma prolongada ditadura militar. Outros questionamentos vieram à tona. Além de ator, que tipo de ser humano nós vamos formar? Temos um compromisso que ultrapassa o ensino técnico. Temos um compromisso ético com os alunos que nos procuram. Nossa missão é formá-los para o mundo. Mas que mundo? O que os espera? Eu continuo fazendo essas perguntas até hoje.

Outras dúvidas me acompanham. O imenso avanço tecnológico que testemunhamos vai matar a arte? Claro, ela não morreu quando surgiu o cinema. Nem tampouco quando surgiu a televisão. Mas o avanço tecnológico atual por vezes me assusta. Eu fico pensando: "Que novo homem é esse?"

Arrumando a Casa

Os professores eram muito capazes, mas havia atraso no pagamento dos salários. Pagávamos a condução e um pouco mais. Infelizmente, não dava para ir além. Contávamos em nosso quadro pessoal com profissionais de alto gabarito. Alguns eram professores da USP, já tinham colocado mais de dez peças em cartaz. Outros professores, porém, dependiam daquele salário para viver. Assim, quando surgia um trabalho mais rentável, eles iam embora.

Percebi que não dava para os alunos aprenderem daquele jeito, com professor faltando, chegando atrasado e sem um método de ensino. O Macunaíma surgiu em virtude da ditadura militar, quando os professores que davam aulas nas faculdades sofriam censura e decidiram fundar a escola. Então, essa diferença de métodos, de projetos, de caminhos, era o fundamento principal.

A maior preocupação que se tinha era que cada um pensasse de acordo com a sua própria vontade. Com o fim da ditadura, os alunos que estavam no Macunaíma já queriam uma formação mais técnica. Pensei muito e achei que o projeto original do Macunaíma precisava de uma adaptação.

Procurei os professores para unificar os projetos, pelo menos o da metodologia de ensino. Cada um tinha uma formação diferente — alguns montavam peças logo que o aluno entrava, outros montavam depois de dois anos. Tinha de tudo. Eu não podia tirar a vontade do professor, já que não tinha dinheiro para pagar o salário.

Em meio a tantos desafios, a diretora pediu demissão. Quinze dias depois foi a vez da coordenadora. Foi um momento dramático. Peguei as fichas dos professores e fui ver a formação de cada um.

— Telefona para o Carlos Tamanini — falei para a secretária.

Ela disse que não dava, porque ele havia se mudado para Brasília.

— Mudou para Brasília? Telefona para Brasília! — disse.

— Tamanini, você não quer voltar para ser coordenador da escola? — disse, quando ele atendeu.

— É a coisa que eu mais quero nesse mundo — ele respondeu.

— Então pega o primeiro avião e vem amanhã — respondi.

Ele veio. Ficamos amicíssimos e trocamos muito! Um lia a alma do outro.

Roberto Freire e a Importância da Expressividade Corporal

Quem nunca ouviu falar dos livros *Viva Eu, Viva Tu, Viva o Rabo do Tatu* e *Sem Tesão, Não Há Solução*, de Roberto Freire? Ele era um antipsicólogo, médico psiquiatra, que nos anos de 1970 foi para o Instituto Esalen, em São Francisco (EUA), e trouxe de lá métodos supermodernos (microfonia). Eram absolutamente pioneiros no Brasil. Não havia nada semelhante ao trabalho corporal que ele fazia, ao trabalho psicológico que ele fazia. Era algo que trazia o corpo para vida. Até então, mesmo no teatro, o corpo era relegado a segundo plano.

O teatro era a palavra. O corpo estático podia fazer teatro. Com o Roberto, o corpo estático não fazia teatro. Ele queria o corpo e colocou a sala de trabalho dele dentro do Macunaíma. Os aquecimentos e o psicofísico, que hoje são a coisa mais natural de qualquer aula, eram novidades naquela época. E foi o Roberto quem trouxe.

A Myriam Muniz, que era nossa professora, foi a melhor aluna dele. Eu me lembro de quando uma aluna disse que não tinha condições de fazer o ensaio.

– Como não? Você vai fazer! Você vai pegar essa falta de condição e trazer para cá – a Myriam respondeu.

– Não dá. O meu marido me abandonou e a nossa filha única prefere morar com ele do que comigo. Estou me sentindo um animal, não consigo – respondeu.

A Myriam se aproximou da aluna e deu uma cusparada na cara dela.
– O que é isso? – perguntou a aluna.
A Myriam foi lá e pá, deu outra cusparada. A mulher deu um tapa na cara da Myriam.

– Uma coisa a gente pode concluir. Bicho você não é. Porque você pode cuspir na cara de um cavalo quantas vezes quiser, que ele não vai te dar tapa – disse Myriam.

Esse era um método de memória afetiva. Uma vez, eu usei esse método com um ferreiro no Brás para montar a peça *Ponto de Partida*, do Gianfrancesco Guarnieri. Eu convivi um tempão com o ferreiro, de manhã até de noite, para ver como era a vida dele. Na peça, ele vê o filho enforcado. Naquela época, a professora queria ver a emoção. Eu tinha que ter a emoção de ver um filho enforcado, sem nunca ter tido, graças a Deus, nenhum filho que morreu. Mas eu tive um pai que morreu.

No exercício, eu sentava num canto da sala, quieto, no silêncio, na meditação profunda, a me lembrar da morte de meu pai. Até que o filme da morte do meu pai passasse pelos meus sentimentos, com a força das sensações que eu tive na época. Eu tinha que reviver aquelas sensações. O professor de teatro não dava ação, objetivo, conflito, interação. Ele era o mestre dos sentimentos. A gente terminava a aula às 23h30 e não conseguia voltar para casa. A adrenalina estava a quatrocentos. Era preciso tomar uma cerveja mesmo.

Método de Ensino

Optei por conduzir o Macunaíma não para o lado da Memória Emotiva, mas para o das Ações Físicas[1]. O coordenador da escola, Carlos Tamanini, havia estudado esse método na Universidade de Chicago, nos Estados Unidos.

A diferença é que o método da Memória Emotiva provoca uma entrega extraordinária do ator, mas inibe a execução de ações. Por exemplo, na cena que mostra o filho pendurado numa forca – e tendo a imagem interna da morte de um ente querido –, o ator pode ficar em transe. Isso funciona no cinema. Ver o Marlon Brando não fazendo nada é espetacular, mas no teatro não funciona tão bem e nós achamos que as ações físicas seriam interessantíssimas.

O Tamanini foi o precursor desse método e ficou conosco até o cinquentenário da morte de Constantin Stanislávski, em 1989. O Macunaíma foi um dos pouquíssimos teatros do Brasil convidado

...

[1] O método das ações físicas, criado pelo ator, diretor, escritor e pedagogo russo Constantin Stanislávski, parte do princípio de que as ações físicas devem transmitir o espírito interno da personagem interpretada, sendo abastecidas pela vida e imaginação de cada ator.

para a comemoração em Paris, na França. Lá, eu descobri que, além das Ações Físicas, existia a Análise Ativa. Eu não conhecia e fui até uma apresentação desse método em um dos teatros de Paris. Era um ensaio da peça *O Inspetor Geral*, do russo Nikolai Gogol. Voltei para o Brasil e fiquei com aquilo na cabeça. Um dia, numa festa, encontrei um americano que começou a falar de teatro comigo. Percebi que ele entendia de ações físicas e perguntei como sabia tudo aquilo.

– Um amigo meu faz teatro desse jeito – respondeu.

Disse que queria conhecê-lo. David Herman era um inglês radicado em Nova York, que estava morando no Rio de Janeiro. Telefonei uma, duas, três, cinco vezes. Recado, recado, recado, recado. Quando ele me retornou, marcamos de nos vermos em São Paulo. Convidei-o para trabalhar na escola, mas ele disse que não queria mais se mudar, mas poderia vir aos finais de semana dar aula para os professores.

Na minha ingenuidade artística, eu chamei os professores para dizer que dali em diante trabalharíamos com o método da Análise Ativa. Quando me perguntaram o que era, respondi:

– Não sei direito, mas tem um cara que sabe e ele virá para cá todo fim de semana para nos ajudar.

Eles disseram que fariam, mas continuaram dando aulas como antes. Um grande número de alunos começou a ir embora e o trabalho da escola, na minha opinião, estava cada vez pior. A escola ia fechar se continuasse daquele jeito. Mandei todos os professores embora. Só fiquei com cinco, que davam o curso Básico.

Chamei o Tamanini, que na época dava aula para a turma de formandos, e falei para ele contratar os melhores alunos como professores.

– Você está louco? – disse-me.

– Mais ou menos – respondi.

Eu corri o risco de ser metralhado pelos alunos, mas, com a ajuda do David, vimos a transformação. Sob a coordenação dele, de sexta a sábado, trabalhávamos quatorze, dezesseis, dezoito horas por dia em cada sala, em cada aula, em cada matéria, em cada montagem.

Reunião de coordenação com Tamanini, coordenador da escola à época, no prédio do Macunaíma na alameda Barão de Limeira. Foto de acervo de Andrea Castiel, c. 1989.

Foi um tempo de alma mesmo. Esses seis ou sete alunos se desenvolveram brilhantemente e os outros professores foram embora. Eles eram muito bons, excelentes professores, mas cada um deles tinha seu jeito de fazer teatro, que não era o da Análise Ativa.

Análise Ativa

Eu conheci a russa Elena Vassina em um festival de Londrina, em 1990, quando ela fazia uma palestra em português, comparando os teatros brasileiro e russo do século xx. Eu fiquei de cara caída com o conhecimento daquela mulher sobre o nosso teatro. Fui falar com ela. Elena sabia o nome dos personagens das nossas peças sem nunca ter ido a um teatro no Brasil.

– Não acredito. Meu Deus do Céu! – disse quando a levei ao Teatro de Arena.

Ela conhecia a Análise Ativa[2] e eu a trouxe para fazer palestras e dar aulas no Macunaíma. Ela nos ajudou muito. Um belo dia, Elena me perguntou se eu queria um diretor de teatro russo.

– Claro – respondi.

Então trouxemos o Adgur Kove, que ficou com a gente por oito meses. Ele deu aula para todos os professores e alunos da época e montou três peças. Ele era bom em análise ativa. Ele havia acabado de se formar na Faculdade de Direção Gitis, em Nova York, e conhecia a última palavra em teatro russo.

Terminada essa etapa, houve uma revolução maravilhosa no Macunaíma. Eu fui para Moscou a convite do reitor da faculdade e nós estabelecemos um convênio com a Universidade Russa de Teatro Gitis, a partir do qual nossos professores e alunos iriam para lá. E vice-versa.

...
2   Análise Ativa é uma maneira de os atores analisarem o material proposto pelo texto na ação cênica.

Eles foram e ficaram um mês tendo oito horas de aula por dia. Trouxeram essa metodologia, um conhecimento bárbaro que ajudou a gente a desenvolver tudo. Mesmo depois de cancelarmos o convênio, alguns professores da escola continuaram a pesquisa. É um prazer imenso ver trinta pessoas sentadas, discutindo em harmonia uma pesquisa. Isso é raridade. Hoje em dia não é qualquer lugar do mundo que tem uma coisa dessas.

Alunos Marcantes

A mais ilustre aluna que a escola já teve foi Elis Regina. Ela fez o ensaio do show *Falso Brilhante*. Foi a primeira vez que uma cantora trouxe o corpo para o palco. Ela usava a voz, era só a voz, a voz, mas não tinha corpo e nesses ensaios ela trouxe. O Macunaíma deu para ela um novo impulso na carreira. A última apresentação que ela fez e a melhor de todas.

Mas Elis não foi nossa única aluna marcante. Um dia estava na sala de aula e a secretária me disse:

– O Carlos está aí e quer falar com o senhor.

Perguntei quem era o Carlos.

– O Carlos é um ex-aluno que foi reprovado duas vezes e, pelo estatuto, não pode voltar para a escola – respondeu.

Fui até ele e disse:

– Carlos, me desculpe, mas por que você não faz outra coisa? Você já foi reprovado duas vezes. Você está perdendo seu tempo, o tempo dos professores, dos seus colegas. Faz outra coisa – disse.

– Seu Nissim, você não pode ser dono do que eu vou fazer. Eu quero fazer teatro. Na minha cidade, lá no interior do estado do Rio, a pessoa que mais sabe de teatro sou eu. Eles fizeram uma vaquinha para me mandar para cá. Tudo o que eu aprender, vou ensinar para eles na minha volta. Só tenho dinheiro para ficar mais um semestre. Se o senhor não me deixar ficar, não vou aprender e não vou poder ensinar para os outros – ele respondeu.

Naquele instante, foi como se uma bomba caísse na minha cabeça.

– Carlos, você vai fazer o curso novamente! – disse, imediatamente.

Moral da história: a toda hora temos que abrir o coração. Mas nem sempre as leis estão de acordo com o coração. Eu acho que abrir o coração é mais importante do que cumprir a lei.

Pedagogia Aplicada à Arte-Educação

Eu já havia feito uma experiência com outros coordenadores e era muito difícil encontrar alguém que soubesse cuidar da organização e da parte artística. Não pensem que, por estudar teatro, não é preciso ter organização. O artista precisa organizar a peça de teatro, conseguir os direitos, procurar e coordenar as coisas, como se fosse a única pessoa no mundo. Eu tenho encontrado ex-alunos da escola fazendo isso e fico emocionado de ver que a nossa orientação deu certo.

Pedi para a minha filha, que estudava Pedagogia, me indicar um colega que ela considerasse brilhante. Ela me indicou a Debora. Quando olhei para aquela moça miúda, ainda estudante do terceiro ano, pensei: "Essa é a melhor que ela tem?" Quando comecei a conversar com a moça, porém, desabrochou algo que me emocionou. Eu não sabia definir o que era exatamente, mas sabia que ela era a pessoa certa. Por isso, a convidei para ser a coordenadora. Ela que nunca tinha visto nenhuma peça.

Quinze dias depois, ela me chamou para uma conversa no nosso escritório, que era como chamávamos o bar da esquina, já que o escritório de fato havia sido transformado em sala de aula. Ela pediu dois cafés e disse:

Debora Hummel e Nissim, na Semana de Planejamento do Teatro-Escola Macunaíma, em 2009.

– Seu Nissim, estou pedindo demissão. Eu vou embora.
Falei que ela não podia sair.
– Eu não vim ao mundo para dirigir escola de teatro. Eu não entendo nada disso. A minha linha é outra, quero ser pedagoga – respondeu.
Então, eu disse para ela mais ou menos o seguinte:
– O reitor de uma faculdade não pode só entender de medicina, direito, arquitetura. Ele tem que saber dirigir uma faculdade. É isso que você tem que fazer! Ela gostou do que eu falei e ficou. Graças a Deus!
A vinda da Debora revolucionou o ensino de teatro em São Paulo. Nenhuma outra escola tinha até então uma pedagoga na direção pedagógica. O cuidado, a delicadeza, a ética, a moral e o respeito que a gente tem com os nossos alunos devem-se à Debora. A harmonia que existe no Macunaíma, a discussão que fazemos antes e depois da aula, a recuperação, não ter reprovação. Tudo isso foi construído pelo coletivo. Essa construção não parou desde o primeiro dia que a Débora veio para o Macunaíma. E ainda tem tanta coisa para fazermos, que eu não gosto nem de pensar. Fico cansado.

Renascimento

Eu perguntei a cada aluno se eles queriam renascer. Todos disseram que sim. Nós armamos na sala um berçário, com dois pneus unidos por um elástico bem apertado. Eu conduzia cada um até a boca do pneu e dizia que ali era o canal do útero. Se você quer renascer, vá em frente. O aluno entrava por ali e saía pelo outro lado apertado fazendo força. Um eles deu uma cambalhota num espaço impossível e saiu do outro lado, pelos pés. Todo mundo riu e brincou. Foi muito bom.

Esse trabalho ocasionou uma coisa estranha. Eu fazia terapia com a Anna Verônica Mautner e coterapia com o Carlos Baito. A Ana era reichiana e um belo dia me disse:

– Chega de mamar no peito dos outros. Agora você vai ensinar.

E me indicou uma cliente que tinha dor nas costas. Falei que não trabalhava com isso e ela começou a chorar, falando que já havia ido a vários médicos, que eu a estava desiludindo. Decidi fazer um trabalho com ela.

Depois vieram mais clientes e todos indicavam outros, até que eu não tinha mais tempo para fazer outra coisa a não ser isso. Eu não era psicólogo nem terapeuta, mas o presidente da Sociedade Junguiana me incentivou a fazer esse trabalho. Para mim, foi uma continuação do teatro. A maioria foi enviada por psicólogos e terapeutas. O problema principal delas não era dor, mas a falta de contato consigo mesmo, com o próprio corpo.

Atendia numa sala sem vestiário. Quando as pessoas entravam, falava para tirarem a roupa – até hoje não sei como não levei um tiro. O trabalho era feito de short ou de biquíni. No começo eu quis trabalhar sem secretária, sem faxineira, sem mais ninguém para me ajudar, porque na corretora de valores eu precisava atender cinco telefones ao mesmo tempo e dirigir dezenas de pessoas. Não queria mais isso e coloquei uma secretária eletrônica. Quem quisesse deixava recado.

Eu sentava com a pessoa e perguntava por que ela estava ali. A resposta era sempre: "não sei, mas meu terapeuta me disse que você tinha uma coisa interessante para mim". Começava a conversar e via que ela tinha problemas de comunicação com os outros. Nessa conversa inicial dava para descobrir o problema e escolher um exercício intuitivamente. Eu escolhia quase sempre o exercício de expressão corporal do teatro. E os resultados eram excelentes. Eu procurei aprimorar a técnica e fui a Buenos Aires.

Dragão

Estava há oito anos trabalhando como sócio do Macunaíma. Quando eu assumi, avisei a todos que trabalhavam comigo que trabalharia somente mais três anos. Eu estava com 48 anos e veio um devaneio de que a cada sete anos eu mudaria de profissão e de atividade.

– Mestre, daqui para frente, não vou mais falar. Quero ouvir de você o que tenho que fazer. Eu quero saber o que eu vou fazer dos 49 aos 56 anos, já que a cada sete anos eu mudo – disse um dia para o terapeuta.

Ele pensou e teve uma sacada muito inteligente:

– Ok, eu falo o que você vai fazer nos próximos sete anos desde que você me conte o que você fez nos sete anos anteriores. Como você não quer falar, vai me contar isso de uma maneira especial. Faz de conta que você é um cliente seu. Qual trabalho corporal você passaria para ele? – disse.

Isso levou um ano e cada vez descobria mais coisas a meu respeito.

Quando estava perto de fazer cinquenta anos, fechei os olhos e minha perna começou a tremer. Eu me assustei com a minha própria visão, de um dragão soltando fogo por todos os lados ao sair debaixo da terra, depois de um terremoto. Tudo isso levou trinta segundos. Parei, pensei e propus um trabalho corporal em cima disso. Foi quase um trabalho de teatro. Ele concordou e disse:

– Não sei o que você viu, mas o trabalho que você me propôs foi um conjunto de todos os trabalhos que você já me propôs até hoje.

O dragão era um símbolo de totalidade, o único animal celestial.

Peças Marcantes
e Exercícios de Futurologia

É um prazer enorme me lembrar da montagem da *Língua da Montanha*, de Harold Pinter. Uma peça que com todos os silêncios – e eles eram muitos – durava vinte minutos. Foi uma experiência fabulosa porque eu estava experimentando uma metodologia com pessoas extremamente capazes, com gente muito boa. Foi um projeto sensacional. Ficamos ensaiando quatro meses, que significaram uma semana por minuto. Às vezes, nos apaixonamos por um negócio e perdemos a paixão porque não dá certo, se esmorece no meio do caminho e precisa de injeção de entusiasmo. Fazer teatro já é difícil para chuchu. Dizer que esse o caminho que você quer seguir é mais difícil ainda.

Uma vez nós montamos *Longa Jornada Noite Adentro*, de Eugene O'Neill. Eu vislumbro uma situação assim no futuro: a Terra não tem mais atmosfera, os gases poluíram tudo, a natureza não cresce mais, a vida humana aqui tem um ponto-final. Eu acredito, que num quadro dessa natureza, o homem terá inventado foguetes que transportem nossa cultura e nossa gente a planetas onde a atmosfera é semelhante àquela que temos hoje na Terra. Se isso não acontecer, eu acredito que terá uma festa em Nova York chamada A Despedida da Terra, onde serão apreciadas as obras artísticas mais relevantes na história da humanidade. Na festa será lido o livro mais importante do mundo. Será exposto o quadro mais importante do mundo, assim como esculturas, joias etc. Enfim, tudo o que a humanidade produziu de melhor seria apresentado nesse evento de Nova York. De uma coisa eu tenho certeza: a peça de teatro será *Hamlet*, de William Shakespeare.

Outro quadro futuro que eu imagino é que os *chips* vão substituir a escola, pelo menos do ponto de vista técnico. Em vez de a criança ir para a escola primária, ela ficará em casa, brincando com o papai, brincando com a mamãe e aos dez anos vai lá e pá... numa manhã, em alguns minutos, recebe um chip e sai com o conhecimento do curso primário. Quatro anos depois, volta para receber o conhecimento do ginásio e do ensino científico, sucessivamente. Serão escolhidos: esse vai fazer arquitetura, medicina, direito, isso ou aquilo. Não sei como vai ser para ser ator de teatro, mas cada um vai receber o que gostaria de ser. Enfim, nesse momento você poderá ser excepcional naquilo que estiver fazendo, porque em alguns minutos poderá receber num *chip* o conhecimento total da humanidade. Só que isso vai te igualar a outro que recebeu o mesmo conhecimento da humanidade e esse conhecimento não foi obtido pelo sofrimento, pelo estudo, pela ação, pelo obstáculo, pela interação ou pela luta. Esse conhecimento chegou em você.

Assim, eles poderão nos dar tudo, menos a paixão. Que solução eu posso dar para os nossos alunos? Tenham paixão porque sem paixão não se vai a lugar nenhum. Mas paixão não é amor? Não, amor é uma coisa, paixão é outra. Na paixão eu não vejo defeito, não vejo problema, nada é pequeno e tudo pode ser resolvido. No amor, posso amar e encontrar, apesar disso ou daquilo. A paixão entrega. Se numa peça de teatro o papel não é o melhor, se a peça escolhida não foi espetacular, eu tenho que ter paixão. Tenho que ter paixão pelo meu papel. Se não tiver paixão pelo meu papel, não sai nada. Tudo o que aprendemos de técnica, não vale nada se não tiver paixão.

As Escolas do Macunaíma

A primeira unidade do Macunaíma foi na Lapa e só durou três dias. Nos três primeiros dias teve uma festa de inauguração que durou 24 horas. A polícia foi lá e fechou a escola, que se mudou para a rua Lopes Chaves, na casa onde o Mário de Andrade viveu. Tinha o piano do Mário, o lustre do Mário, havia coisas do Mário. Quando o espaço ficou pequeno, fomos para a rua Eduardo Prado, em uma casa tombada. E essa casa tombada foi derrubada. Derrubaram a escola, mas quando foram derrubar a árvore que tinha no quintal, os alunos abraçaram a árvore e não deixaram. Chamaram a polícia, fizeram um carnaval do tamanho de um bonde e não derrubaram a árvore. A árvore está lá até hoje e o fato de não a derrubarem significa que não podem construir nada ali, porque as ramificações das raízes estão pelo terreno inteiro. E as raízes não podem ser destruídas.

Depois fomos para a rua Barão de Limeira. Lá teve uma história engraçada durante um exercício de Ações Físicas que os professores gostavam de dar. A cena era a seguinte: é noite, a sua mãe está doente e pede para você telefonar para o médico. Você fala os sintomas e ele diz para medicá-la imediatamente com tal remédio. Ao chegar na farmácia da esquina, que sempre funciona 24 horas, ela está fechada. O aluno deveria prosseguir a cena. Queríamos vê-lo praticando ações para abrir a porta da farmácia, do tipo "Socorro!", "Por favor!", bater na porta. Os alunos já sabiam que, num certo dia, nós dávamos essa prova. Num belo dia, um aluno saiu correndo para o lado direito da sala, onde há uma janela, e saltou de sete metros de altura. Ficamos apavorados e fomos socorrê-lo, só que ele tinha amarrado uma corda antes que a aula começasse. Ele desceu pela corda, subiu pela escada e estava lá do outro lado, na porta, com o remédio para mãe dele.

Tela de Galinheiro

A gente montou um teatrinho na rua Barão de Limeira. Claro que fazemos barulho aqui, na rua Adolfo Gordo, mas temos um excelente relacionamento com os vizinhos. Eles vêm ver as peças de graça e nós damos aula para as crianças do entorno. Mas na Barão de Limeira a vizinhança atirou até um vaso sanitário no teatro, bem no meio de uma peça. O vaso sanitário entrou em cena. Colocamos uma tela de galinheiro em cima do telhado para evitar que novos vasos caíssem ou quebrassem a cabeça de alguém. Aquele teatrinho tinha 64 lugares. O palco media 4x5 metros quadrados.

    Apesar do tamanho diminuto, fizemos trabalhos memoráveis lá. As primeiras mostras começaram nesse teatrinho, com cadeiras lindas de madeira. Eram vinte refletores – 16 de 500 e 4 de 1000 watts –, que vieram da Eduardo Prado. Um dia o professor Luiz Baccelli montou *Sonho de Uma Noite de Verão*, de Shakespeare, no pátio. Ele levou os vinte refletores lá para fora. Choveu, deu um curto-circuito e queimaram os vinte refletores numa noite só. Um outro professor montou a peça *Pedreira das Almas*, de Jorge Andrade, e descarregou um caminhão de pedras que acabou com o piso. Fomos criando regras naturalmente.

    Começamos com um teatro na rua Adolfo Gordo, e em pouco tempo criamos três teatros. Rapidamente, ficou pequeno para o que nós precisávamos. Alugamos um casarão enorme na Bela Vista e construímos outros três teatros lá. Para a nossa infelicidade, aquele lugar era muito baixo astral e tinha uns ladrõezinhos de galinha. Eles nunca roubavam coisas valiosas, como refletores. Só levavam porcaria, como aparelhinho de som e escada. Quantas escadas foram roubadas! Nós compramos vinte escadas e eles levaram dezenove. Não sei o que faziam com tanta escada.

    Só que, para eles roubarem, quebravam parede, teto, tudo. Atrapalhavam a nossa vida. Resolvemos ficar apenas na rua Adolfo Gordo porque é mais fácil de organizar em um lugar só, e construímos os teatros 4 e 5.

Teatro no Mundo

Eu viajei o mundo inteiro. Na União Soviética, na Rússia, eu fui ver a peça da mais importante atriz russa. Falar da mais importante atriz russa não é a mesma coisa que falar da Fernanda Montenegro. Ela, se quiser, vira presidente da República. É a pessoa mais importante do país.

O palco da apresentação era um pouco maior do que o estrado do Macunaíma e havia dez lugares na plateia. Eu já vi esse tipo de teatro na França, na Bélgica e nos Estados Unidos. O teatro público La Mama, em Nova York, abrigou peças memoráveis e tem quase o mesmo tamanho que o teatro 2 do Macunaíma.

Mas o brasileiro, quando vai ao teatro, imagina que ele tem que ter seiscentos lugares. Só que, quando o teatro tem seiscentos lugares, é para um banco financiar o ator mais famoso. Não adianta nos exercitarmos em um espaço para seiscentas pessoas, porque vamos demorar dez, quinze anos para chegar lá. Temos de ser bons no nosso teatro 4, que é o que a vida vai nos dar pela frente.

Quando viajei a Buenos Aires, fui a uma livraria só de livros de teatro e comentei com o dono:

— Puxa, hoje é segunda-feira. O único dia em que não vou ao teatro, porque no resto da semana eu já comprei os ingressos.

Tinha um cara lá, que me perguntou se eu queria ir ao teatro naquele dia. Respondi que sim.

— Então vai ver minha peça — disse.

Eu fui. Se o palco da Rússia era pequeno, o de Buenos Aires era metade daquele e tinha lugar para quarenta pessoas. Uma atriz sozinha fazia a adaptação de *Me Ama*, somente às segundas-feiras e com lotação até o final daquele ano. Quer dizer, teatro, se for bom, não precisa de oitocentos lugares. Afinal, oitocentos lugares vazios são tétricos. Aliás, teatro de trezentos lugares já é tétrico.

Eu fazia uma peça que ganhou um prêmio do governo do estado, com direção da Ana Maria Amaral e Paulo Marques. Um belo dia, acho que uma quinta-feira, o Brasil ia jogar a Copa do Mundo. Ficamos na dúvida: fazemos ou não fazemos a peça, fazemos ou não fazemos, fazemos ou não fazemos. Decidimos fazer.

— Teatro é teatro. Futebol é futebol — falamos.

Abrimos o teatro de trezentos lugares e tinha três espectadores, incluindo a minha filha. No Brasil, competir com futebol é uma bobagem.

Espanhol

Tinha uma peça em português, mas a fala do prefeito, que elucidava o que estava acontecendo, tinha que ser em espanhol. Eu fiz as intervenções e a plateia ria muito. Eram três mil espectadores. O texto era meio romântico, meio épico e tinha momentos de silêncio e de tristeza também. Ficamos sabendo depois que falávamos exatamente igual a um político espanhol. O público achava que estávamos fazendo de propósito, mas na verdade fazíamos um arquétipo do ditador latino-americano. Era algo universal:
— Está todo bien! No te preocupes! El gobierno yá tomó todas las providencias necesarias! No és preciso evacuar, no necesitam salir de sus casas, de sus trabajos[3].

Clima Despojado

Procuro manter um clima espartano no Macunaíma, às vezes penso que pode até ser exagerado. Espartano em continuar com bancos de madeira e com a atmosfera do teatro bem despojada. Tem gente que reclama, acho que os tempos mudaram. Procuramos manter limpo, pintado, mas é tudo bem simples.

...

3 "Está tudo bem! Não te preocupes! O governo já tomou todas as providências necessárias! Não é preciso evacuar, não necessitam sair de suas casas, de seus trabalhos."

Dou muita liberdade para o professor, mas eu sei o que está acontecendo. Tenho um relacionamento muito estreito com todos. Fui eu quem admitiu um por um. Na entrevista de entrada, procurei expor o ponto de vista pedagógico, os métodos e o tipo de trabalho que realizariam. Essa transparência ajudou muito. Vários não se adaptaram e saíram. Os que ficaram colaboram muito com o objetivo comum da escola. Metade do nosso corpo docente tem mais de dez anos de Macunaíma. Não fico acompanhando o que cada professor está fazendo em sala de aula, mas sei, pelo tempo de casa, pelo que falamos nas reuniões, que eles cumprem o programa estabelecido. Reunimo-nos toda semana para discutir o que tem que mudar e atualizar. As questões que vão envelhecendo e vamos adaptando.

Antigamente, tínhamos quinze peças em cartaz. Hoje em dia existe uma centena. São quase mil estreias de espetáculos por ano. Com essa quantidade, apenas algumas sobrevivem, mas há espaço para todas: musical, comercial e também com engajamento.

As escolas de teatro representam um papel importante nesse aspecto, não só o Macunaíma, porque os professores são de uma geração que tem interesse na combatividade, na expressividade.

Por ser uma arte coletiva, o teatro não está acostumado à rapidez que as outras artes possuem. O teatro precisa de um dramaturgo, profissional que não surge da noite para o dia. Então, toda uma geração que poderia ter um grande dramaturgo, não teve. O Brasil não se destaca nesse aspecto, mas começou a avançar. Estão aparecendo vários grupos. Acredito que é uma questão de tempo.

Esse problema se repete no mundo. O teatro vive esse marasmo, essa repetição de espetáculos montados em salas muito grandes, montagens bem comerciais. Mas esse panorama deve mudar.

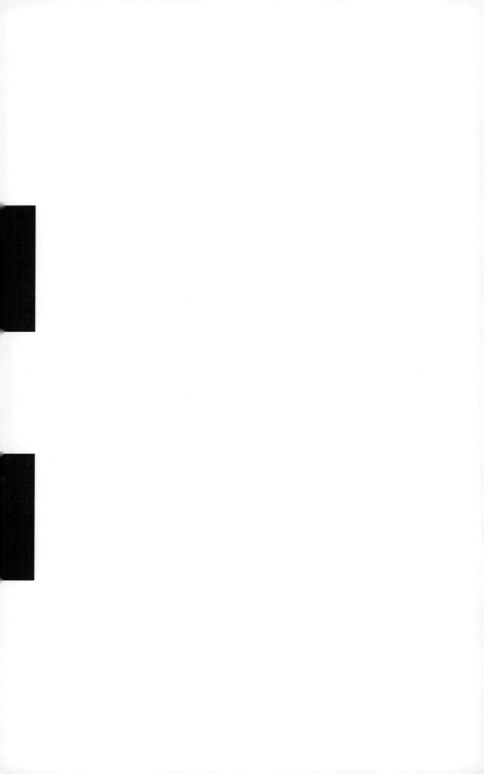

3.

Homenagem: Depoimentos

Com o professor Zé Aires no comitê de Defesa da Revolução em Havana, Cuba, 2006

Luciano Castiel
(Filho)

Um dia perguntei para meu pai:
— Qual a lógica da sua vida? Você foi presidente da UNE e depois dono de uma corretora de valores.

Ele respondeu:
— Eu nunca perdi minha raiz socialista. É mais fácil lutar pelas minhas ideologias socialistas com uma empresa bem-sucedida do que batendo lata na porta de banco.

Andréa Castiel Perrenoud
(Filha)

Tenho vagas lembranças de minha primeira infância. Mas tenho profunda memória corporal do meu pai. Até hoje. O que aprendi de tato, aprendi com ele. E não foram poucos, foram muitos momentos de carinhos. Foram tão bons, que, sem que eu perceba, faço o mesmo com meus filhos. Aprendi com ele o sentido do afeto. Devo isso a ele.

Gostava da hora do jantar, pois era um momento onde nos reuníamos e contávamos como foi nosso dia. Em casa sempre teve lugar marcado. Nunca soube como as marcações se deram, exceto a da minha mãe, que gostava de sentar-se ao lado da porta da cozinha por questões práticas. O meu, depois que minha irmã deixou de morar conosco, passou a ser ao lado do meu pai. Era eu apoiar meu braço na mesa, que lá vinha, instantaneamente, a mão dele fazer carinho no meu braço. Muitas vezes, vinha acompanhada de Dedé, Dedezinha ou simplesmente Dé. Ele gostava de dar apelidos. Bastava você ficar íntimo, que logo era presenteado. O apelido vinha acompanhado de trilha sonora. Quem teve, sabe do que eu estou falado.

Quando tinha dois caminhos a seguir, uma dúvida, um conflito, um projeto, uma ideia ou uma escrita, era sempre com ele que ia me consultar. Ele tinha o dom de orientar. Incrível! Foi assim com a dança, com o teatro, a pedagogia e a psicologia. Já casada, lembro-me que ligava para ele, saia do trabalho, passava na sua casa e ficávamos conversando até de madrugada. Foram muitas madrugadas de conversas existenciais.

Claro que nossos encontros não eram todos prazerosos. Não! Foi difícil ser filha de uma pessoa tão forte. Que escondia suas fraquezas. Que teve uma vida interessante, mas que nem sempre me deixava viver a minha. Que sabia o que é viver melhor. E criticava o diferente. O encanto, a admiração. O desencanto. Corajoso. Livre. Liberdade. Livre com ele, livre comigo. Às vezes, até demais. Pai presente, quando não estava viajando. Rodeado de amigos. Ávido por aprender, empolgado por ensinar. Fiz muitas perguntas e as respostas eram sem fim. Davam uma volta... Perdi as contas. Mandão. Ah, isso ele era! Era fácil saber onde ele estava. Bastava procurar por uma roda de pessoas e lá estava ele, contando suas histórias. Ele juntava gente. Era hipnotizante. Sem falar da sua alegria de viver. Isso ele tinha para distribuir. Por onde passava, deixava vestígios, rastros. E ele era assim, esse contraste de rigidez e ternura.

Quando ele se foi, parte de mim foi embora com ele. Sinto sua falta assim como tenho saudades de mim. Ficaram as lembranças, as histórias. Ele está presente, mesmo ausente.
Eu não sabia que doía tanto assim.

Debora Hummel
(Coordenadora Pedagógica)

Registrar... pedido que eu sempre faço aos professores como se fosse uma coisa simples, e agora estou aqui parada olhando para essa folha sem saber por onde começar, afinal, falar sobre o Nissim é bem difícil. As palavras parecem faltar. Como contar a nossa história.

A Andrea (filha do meio de Nissim) fazia faculdade comigo e perguntou se eu gostaria de fazer uma entrevista para ser coordenadora pedagógica de uma escola de teatro. Eu, que adorava aventuras, topei. Conheci o seu Nissim e já nos identificamos de cara. Saí do encontro empregada. No primeiro ano de convivência, ele foi me contando a sua história de vida e, ao conhecê-lo melhor, ia me encantando mais e mais. Afinal, aquele homem tinha vivido tudo o que eu gostaria de viver. Tinha lutado pela "liberdade" durante a Ditadura Militar, tinha sido presidente da UNE, preso político, participado da fundação do Partido dos Trabalhadores, entre tantas outras coisas. Ele era história viva e isso me garantia muitas aprendizagens.

Logo, percebemos que acreditávamos no mesmo princípio de educação e essa filosofia deveria ser o ar respirado por todos no Macu.

Muitos anos se passaram. Com o Nissim não existia um mês igual ao outro. A cada ano havia uma nova ideia, um novo desafio, um projeto diferente. Era um homem cheio de planos, sonhos e vontade de realizá-los. Não ficava parado ou satisfeito por muito tempo e logo lançava uma nova proposta.

E foi assim até o final de sua vida. Lembro-me de uma de nossas últimas conversas, em que ele revelou mais um de seus

projetos. – Se conseguir sair dessa, vou dedicar um dia da minha semana para fazer visitas a hospitais e pessoas que não têm amigos nem familiares por perto – me disse.
Amor e gratidão a um eterno sonhador.

Marcus Perrenoud
(Genro)

É difícil escrever sobre o Nissim. Não sei bem por onde começar. Ele era, com certeza, um cara com uma personalidade forte, pontos de vista às vezes polêmicos e comentários incisivos. Tive também o privilégio de conhecer nele um tipo paternal, que podia oscilar da ternura à firmeza. A primeira vez que o vi foi quando fiz uma visita ao Macunaíma, no final dos anos de 1990. Conversamos um pouco no escritório dele. Eu havia me formado há pouco tempo em Artes Cênicas pela Universidade do Sul da Califórnia. Fui conhecer o Teatro Escola Macunaíma como parte de uma busca por possibilidades de trabalho e vida no Brasil. Ao sentar-me diante do Nissim, senti imediatamente um bem-estar e confiança. Um ano depois, estava sentado em uma reunião de professores, numa terça-feira à noite, com a sala cheia de experiência, vida, ansiedade e muito amor pelo teatro. Falávamos sobre criação coletiva. Vários ou alguns de nós defendíamos esse "jeito" de fazer teatro. O Nissim, pelo menos naquele momento, abominava. Ele não queria que esses processos acontecessem, por sentir que eram um caminho em que o projeto facilmente se perderia. É claro que ele estava certo. No entanto, como sempre fui um defensor fervoroso do "deixa rolar vamos ver no que dá", me incomodou bastante a imposição dele. "Porra, caralho! Esse cara lutou pelos direitos civis, combateu a ditadura e agora está contra a criação coletiva?", pensei. Fervi. A discussão ia aumentando até que finalmente dardejei:

— Quer coisa mais democrática do que criação coletiva? — disse. Silêncio. Não me lembro da resposta dele.

No dia seguinte, quando me viu na escola, me convidou a sentar novamente em seu escritório. Fiquei constrangido. Ele foi excepcionalmente conciliatório.

— Eu tenho o maior apreço por você — falou.

Senti vergonha. Ele disse algo como "estranhei sua atitude". O fato é que foi um episódio desagradável. Em 2008, no Hospital Osvaldo Cruz, após transplante renal, o Nissim ligou no meu celular. Eu estava no playground do meu prédio, provavelmente brincando ou vendo meu filho Ian brincar. Minha esposa Andrea, filha do meio do Nissim, estava grávida da Cloé.

— Oi Marcus, tudo bem? — disse.

— Oi, Nissim — respondi.

— Marcus, eu estive pensando... Eu estou com muita dor, será que você poderia fazer um trabalho espiritual para mim? — disse.

Houve um silêncio de um ou dois segundos, que, na verdade, nunca terminou. "Como assim?", pensei. Fiquei constrangido, surpreso e indescritivelmente eufórico.

— Você esteve na Índia. Será que poderia me ajudar? — continuou.

— À distancia ou pessoalmente? — perguntei.

— Eu prefiro pessoalmente — ele disse.

Fui imediatamente ao hospital. Fazia pouco que eu voltara de uma visita ao sul da Índia, onde fiz um estágio em *ayurveda* e conheci a prática de uma arte marcial indiana, o *kalarippayattu*. Apliquei a massagem. Voltei algumas vezes ao hospital e depois que ele foi transferido, também ao Einstein, onde o vi pela última vez. O Nissim tinha uma habilidade rara de enxergar potencialidades. Conversamos algumas vezes nos hospitais. Sua voz, em alguns momentos, era quase inaudível. Precisava prestar atenção para entender cada palavra. Ele conseguia apontar um dom ou vivência no outro como um espelho mágico. Acredito que a principal contribuição do Nissim ao mundo foi auxiliar milhares de pessoas a perceberem um caminho que já estavam trilhando, talvez ainda não de forma consciente.

Sylvio Zilber
(Amigo)

O Nissim foi uma das maiores amizades da minha vida. Ele me conheceu quando eu estava no primeiro casamento e me acompanhou até o quinto. Tínhamos uma relação afetuosa.

Carol Costa
(Educadora)

Fui indicada a fazer uma entrevista com seu Nissim pouco tempo depois de me formar na universidade de teatro. Tinha pouquíssima experiência lecionando, apenas o estágio feito no Macunaíma, onde havia me formado um ano e meio antes. Ele lembrou-se de mim e disse:
– Você estudou aqui, né?
Assim começou a nossa conversa. Sim, porque não foi uma entrevista, aquela coisa assustadora em que o empregador testa o candidato com ar de superioridade. Ele não era assim. Foi um bate-papo gostoso, leve. Eu consegui relaxar de toda a tensão que senti ao ter a oportunidade de poder trabalhar na escola onde aprendi amar o teatro.
Conversamos sobre expressão vocal, a matéria que me seria incumbida, caso eu passasse nessa entrevista. Para a minha surpresa, eu sabia mais do que achava que sabia. Talvez isso aconteceu por conta de como ele conduziu a nossa conversa. Ficamos conversando muito tempo. Foi divertido. Ele me explicou sobre o funcionamento do currículo da matéria, que eu só sabia como aprendiz, e como gostaria que eu fizesse. Por fim, disse que me ligaria em breve.
Eu pensei que isso nunca fosse acontecer, afinal, que experiência eu tinha para poder dar aula numa escola como o Macunaíma?

Dois dias depois, ele me ligou. O seu Nissim me deu os parabéns por eu fazer parte da equipe de professores de sua escola. Disse que gostou de mim e que era para eu começar a frequentar as reuniões de professores no dia seguinte porque teria uma carga horária maior do que a prevista.

Isso foi em 2004, quando o Macunaíma completou trinta anos. Pude fazer parte das comemorações ativamente, ajudando na organização da festa.

Um ano depois, fiz minha primeira viagem de planejamento com os professores. O tema da festa dessa viagem era tango. Durante o dia estudamos o texto *Boca de Ouro*, de Nelson Rodrigues, fazendo a Análise Ativa do texto, com o direcionamento do seu Nissim. À noite, na festa, ele deu uma aula de tango para nós e foi muito divertido dançar com o"chefe".

Foi muito boa a nossa convivência no tempo em que passamos juntos. Ele era sempre alegre, consistente, apaixonado por teatro e me apoiou sempre que eu precisava. Suas palavras de encorajamento e seu entusiasmo contagiante fazem muita falta.

Aron Kremer
(Amigo)

O Nissim tinha uma sólida formação, uma curiosidade intelectual permanente e a capacidade de embarcar e dialogar nos assuntos mais variados. Era um excelente interlocutor, que aliado a uma imaginação fértil, fazia de cada encontro uma vivência singular. O fator mais preponderante era o sentimento de amizade mútua que nos permitia trocar e compartilhar nossos sentimentos mais íntimos, nossas preocupações, alegrias e tristezas.

Mônica Grando
(Educadora)

Meu irmão esteve aqui
Falou muito, mas não disse
Quis ouvi-lo, não escutei
Frases esvoaçaram a esmo
Combalidas entre as paredes
O vento da janela à porta
Carregou os sentidos
E a vida continua calcada na morte
Meu irmão se foi
Sua figura esmaece a cada instante
O que dela restará em mim
Além do espaço vazio
Acenderei uma vela em sua homenagem.
Tudo continua e nada é como dantes
O sal da terra não tempera mais nossas conversas
Do diálogo restou o monólogo
Triste
Da cumplicidade
O lamento
Do riso
O silêncio
Ai meu irmão, lamente por mim!
Não serei mais o mesmo.
...Del amigo que quedó...

Quando eu vim aqui para o Macunaíma, conheci o seu Nissim no *Reflexos de Cena*, no Sesc Consolação. Tive o prazer de ser vista por ele e vim conhecer a escola num dia muito especial, quando estavam fazendo a troca de vivências dos cursos básicos. Eu cheguei com um olhar ali meio tímido. Havia um grupo de professores muito grande e fui recebida pela ação, fui recebida fazendo teatro. Encontrei um lugar em que eu pude estudar, aprender, compartilhar e, principalmente, um lugar onde o meu trabalho artístico é muito querido. Eu tenho do seu Nissim e dos colegas do Macunaíma uma atenção, um olhar, um respeito e um elogio que eu não tive em nenhum outro lugar.

Alex Capelossa
(Educador)

Tudo o que sei foi o meu amigo Nissim quem me proporcionou e me incentivou. Sem ele, a minha arte não seria tão rica. Eu devo a ele e agradeço por essa dívida imensa. Eu a pagarei fazendo arte sempre!

Wanderley Martins
(Educador)

Como ator, Nissim passou algum tempo pela peça *Nonulus Magnus*. No fim de 1983, enquanto me dava carona, em uma noite em que estávamos atrasados, uma frase encenada ficou na minha cabeça: "Quando estamos com o tempo muito curto, acertamos todos os faróis verdes." Lembro-me bem que, ao subirmos a av. Angélica, todos os faróis estavam a nosso favor naquela noite.

Nós fomos colegas e habitamos a casa do Mário de Andrade. Depois, partilhei todas as outras sedes do Macunaíma até hoje. É um prazer estar aqui, num espaço onde a gente pode trocar com os colegas, onde sempre há um encontro semanal. Eu já participei de tantas escolas, mas somente no Macunaíma temos essa troca com os colegas. Isso é uma coisa que ele trouxe.

Lucas de Luca
(Educador)

Lembro-me de quando vi o Nissim pela primeira vez. Ele era um mestre nato das ideais que defendia vivamente. Sempre exercitando a escrita, a compreensão e o respeito. Depois desses anos convivendo com ele, ainda que distante, sempre admirei seu sorriso e olhar carismático. Há homens que passam pela vida com tanta grandiosidade, que tocam a vida das pessoas, transformando-as para melhor, tornado-as mais humanas e dedicadas ao viver. E, principalmente, doam um pouco dessa grandiosidade a quem quiser tê-la. Obrigado Nissim, por cada sorriso, olhar, palavras e ações simples, que foram fundamentais para formar a pessoa que sou hoje.

Lúcia de Lellis
(Educadora)

O *I Ching*, Lúcia, não é um adivinhador da sua vida. Ele te orienta, mas para isso você tem que ficar refletindo sobre sua pergunta e saber exatamente o que você quer.
– Pense claramente e terá a resposta – me disse.
Guardarei essas sábias palavras de Nissim sempre comigo.

Edu d'Paula
(Educador)

Uma das boas memórias sobre o Nissim foi o último encontro que tive com ele no teatro 4. Eu estava dando uma aula para os novos professores sobre Tempo-Ritmo. Depois, fui conversar com ele, que havia ficado observando a maior parte do tempo. Conversamos sobre minha pesquisa.

– Não se preocupe. Vai dar tudo certo – disse-me, tranquilamente. Essa frase sempre permanece comigo até hoje. É a possibilidade de uma palavra nobre que me conecta com o Nissim: o acreditar, pois ele acreditava em nós, em como fazer e, sempre, frisava que era importante ter prazer. Prazer em estar presente. Nissim, um sorriso, um abraço, um ótimo papo, um mestre e um amigo.

Renata Hallada
(Educadora)

Na reunião de formação de professores, ele entrou na sala. Falou que às vezes o ator pode ser ótimo no exercício, mas que nem sempre isso é visto em cena. Que tinha um exercício que ele via diferença em cena e chamava os professores para fazer. Era o exercício da diagonal, no qual, em dupla, a gente caminhava, olhava e saía. Esse simples exercício fez a diferença, para mim, como professora no entendimento dos conceitos; como atriz e como pessoa, ao ouvir o que outro tem até o fim, sem deixar a minha ansiedade gritar e me boicotar. Viva!

Lívia Figueira
(Educadora)

Lembro-me do Nissim no Minha Vida Na Arte. Ele parecia um pouco cansado, mas, ao mesmo tempo, demonstrava uma vontade imensa de estar ali. Ele esquecia o que tinha que falar, mas era tão espontâneo e pleno, que ficava engraçado e bonito. Mostrava se orgulhar do que tinha feito. Era um contador de histórias completamente envolvido com o que estava contando e tão verdadeiro! E eu, que fui aluna e agora sou professora, fui cumprimentá-lo, tímida, mas com uma vontade imensa de abraçá-lo. As suas palavras e sua maneira de contar histórias me encantavam. Ele me recebeu como se eu fizesse parte de um grupo de amigos que se conhece há muito tempo. Senti-me acolhida de uma maneira que talvez ainda não tivesse sentido.

Renata Kamla
(Educadora)

Lembro-me de uma festa de Natal na alameda Barão de Campinas, onde tivemos uma conversa. Na época, eu estava montando *O Pagador de Promessas*, de Dias Gomes. Começamos a falar sobre a peça, os objetivos dos personagens e, de uma maneira tão simples, ele me mostrou outras perspectivas a respeito da peça. Quando falamos sobre a personagem da Rosa, eu falei que o objetivo dela era acompanhar o Zé do Burro.
— Ela quer aventura. Aventura. Quer ir para a capital. Isso é muito mais interessante, não é mesmo? — disse ele.
Essa conversa sobre a Análise Ativa foi marcante para mim. Vi a peça de outra forma e isso modificou o que estava fazendo naquele momento com a minha turma.

Thiago Silveira
(Educador)

Nissim, um grande homem, um grande artista, um grande colaborador e um homem de histórias. Um homem cheio de vida. Saudades.

HOMENAGEM

Priscila Schmidt
(Educadora)

O que me entristece, para não dizer me revolta, é o fato de que ele mudou minha vida, me abriu tantas portas e eu não tive a oportunidade de olhá-lo nos olhos, dar-lhe um abraço e dizer obrigada. Só mesmo alguém muito especial muda a vida de pessoas que nem chegou a conhecer. Queria ter experiências, momentos partilhados para poder contar. A vida não me deu esse privilégio.

Silvia de Paula
(Educadora)

Nissim, um homem assertivo e muito sensível. É assim que o vejo. Se fosse uma cor, seria o vermelho, cheio de energia e vida. Alguém que irradiava energia. Foram poucos momentos ao seu lado, mas a cada encontro, o seu abraço me preenchia de força, de acolhimento e amor. Esta imagem jamais sairá da minha mente. Foi uma relação de medo e admiração. Medo por ele ser muito assertivo e ver com muita clareza a alma de quem estava ao seu lado. Admiração por sua sabedoria em lidar com a adversidade e valorizar o que cada um trazia para o seu convívio. Era um privilégio seu convite para um café na padaria.

 Saudade tem cor e a que sinto de ti é toda colorida como um arco-íris, que com certeza tem um pote de ouro no final, pois conviver com você foi mágico, transformador. Sua paixão pelo teatro contribuiu para algumas decisões na minha vida. Você fez por mim muito mais do que meu pai já fez na minha vida. Hoje estou na arte e a arte que há em mim você viu antes de mim mesma. Mil vezes obrigada. Acredito que as palavras que emanamos para o universo chegam a qualquer lugar.

Luiz Monteiro
(Amigo)

Lembro-me de meu último encontro com o Nissim. Fui até a sua casa, pois ele gostava de ter um encontro com todos os professores. Quando cheguei lá, ele me recebeu em seu quarto. Abraçou-me com um sorriso largo, o mesmo que ele sempre tinha quando me encontrava. Abrindo abraço, o beijo, também carinhoso. E depois, sua mão direita aconchegou o meu rosto. Outro gesto inesquecível. Apontando-me a cadeira, me fez sentar. Sentou-se na sua.
– Hoje, não quero falar de trabalho. Quero falar da vida. Da minha e da sua. Como vai a sua vida? – perguntou.

Rodrigo Polla
(Educador)

Ao ingressar no corpo docente da escola Macunaíma, tive a oportunidade de encontrar o Nissim logo na primeira reunião de professores da qual participei. Já um pouco debilitado pela sua doença, ele entrou de bengala e se sentou na sala para observar a reunião. Deu para ver em seus olhos o espírito de guerreiro de quem queria estar ali, inteiro, de vida plena. De repente, ele parou a reunião e com muita vontade nos fez a demonstração de um exercício sobre caminhar e olhar, ações tão importantes no nosso dia a dia. Logo depois, nós, novos professores de uma nova fase do Macunaíma, o Projeto Expansão, tivemos uma pequena reunião onde fomos contemplados com a sua grande sabedoria em apenas poucas palavras.

HOMENAGEM

Ariane Moulin
(Educadora)

Nas reuniões, sempre vi o Nissim como um sábio. Para ele, não existia problema. Existia solução. Isso sempre me animou. Lembro-me dos ensinamentos sobre o I Ching, os sete anos de ascensão e sete anos de crise. Na reunião do Pró-Ser (curso de teatro oferecido pelo Macunaíma, para quem não pretende se profissionalizar), num momento de crise, de construção do curso, ele veio e trouxe sua sabedoria, sua experiência de vida, o que nos fez enxergar uma luz. Ele ensinou algo que fez muito sentido para mim sobre meditação ativa. Uma meditação que sempre faço com os meus alunos e vejo que causa efeito positivo em todos.

João Otávio
(Em memória)

Tive o prazer de trocar experiência com o Nissim num trabalho artístico. Foi num projeto aqui da escola que envolvia professores e ex-alunos. Eu, então um ex-aluno. No projeto, o professor Paco Abreu dirigia. Em cena estavam o Eduardo, a Sandra, o Nissim e eu. Estava com frio na barriga, afinal de contas, o Nissim era o dono da escola em que eu tinha me formado. Enfim, chegou o momento do ensaio. Saímos da zona de conforto e improvisamos criativamente. A minha primeira improvisação foi com o Nissim. Nesse momento, todo nervosismo foi embora porque ocorreu ali um encontro belíssimo com um ator extremamente generoso e criativo. Lembro-me da felicidade de jogar em cena com Nissim e de ter a consciência de aproveitar ao máximo esses momentos de encontro de gerações, de troca na prática do fazer teatral. Infelizmente, o projeto teve que ser interrompido devido ao estado de saúde do Nissim.

Beto Marcondes
(Educador)

Acho que a história mais marcante foi a da vaquinha. Do aluno constantemente cobrado e reprovado, que implorou para continuar o curso, pois era o único referencial de sua cidade, que fazia uma vaquinha para que ele estudasse aqui e levasse para aquela comunidade todo esse conhecimento. Essa noção de que o teatro é importante para todos e para toda a vida e de que não nos cabe o papel de julgar e classificar o mundo entre talentosos ou não. Aliás, tive um exemplo vivo disso. Uma ex-aluna com sérios problemas cognitivos e neurológicos, que em qualquer outra escola teria sido rejeitada, conseguiu realizar seu maior sonho. Formou-se aqui, saiu batalhando e conquistou uma vaga no curso de treinamento do Doutores da Alegria, lugar, aliás, merecidíssimo, onde ela provavelmente vai achar uma função linda, que lhe será recompensadora e lhe dará sentido na existência.

Lineu Carlos
(Em memória)

Na montagem da peça *Língua da Montanha*, de Harold Pinter, ao substituir uma atriz num ensaio, ele sugeriu, para minha surpresa, que eu fizesse a velha. Assustado, aceitei. Essa experiência me fez retornar ao papel de ator, que estava esquecido. Foi algo mágico, que me fez refletir sobre a minha trajetória no teatro. Devo a ele esse *reload* (recarga, em inglês). Ele soube, com carinho e inteligência, me orientar em minhas inseguranças de quase estreante. Felizmente pude conviver com esse homem, que a todos tratava com estima e admiração, até o fim de seus dias. E guardo em minhas memórias tal acontecimento."

HOMENAGEM

Renata Mazzei
(Educadora)

O primeiro contato mais longo que tive com o Nissim foi quando ele veio à unidade da rua Adolfo Gordo por conta da palestra Minha Vida Na Arte. Lembro-me de quando ele me falou do seu começo com o Macunaíma, chamando pessoas diferentes para implantar uma metodologia em que ele acreditava, ainda que parecesse radical aos olhos dos outros. Ele fez porque acreditava. Essa firmeza na crença e na perseverança é o que mais me marcou. Nesse dia, foi muito tocante também o fato de ele não estar se sentindo bem e, mesmo assim, ter ficado até o final da palestra, em respeito às pessoas que estavam ali para assisti-lo. E, apesar do problema de saúde, ele passou em sua fala, o tempo todo, uma sensação de alegria, irreverência e prazer de estar ali.

Chris Lopes
(Educadora)

Esse grande homem, que era tão simples e acessível, transportava consigo uma sabedoria e um amor, que ia distribuindo, aos poucos, pelos corredores desta escola. Um homem do mundo, que no mundo abria portas. No nosso último encontro, falamos de como ele havia me chamado para dar aulas, sem indicação de ninguém, apenas de um projeto. Quando vivi fora do Brasil, percebi o quanto são importantes as pessoas que nos abrem portas. Desconhecidos que, às vezes, nos dão mais crédito do que amigos próximos. O Nissim foi um desses desconhecidos, que, por alguma empatia, me abriu portas. A cada dia percebo que a maior dessas portas foi a possibilidade de estar próxima dele, convivendo e aprendendo com uma pessoa tão preciosa.

Luiz Baccelli
(Em memória)

Uma vez fomos pesquisar um salão de baile, o Som de Cristal. Ficamos a noite toda conversando e olhando os pares dançando. Até que, sem avisar, o Nissim saiu dançando e ficou em destaque, pois ele era um bom dançarino. Tenho saudade de quando a escola funcionava somente de segunda a sexta-feira. Mas fui um dos que sugeriram ele abrir uma turma aos sábados. Em uma semana, tínhamos turma até aos domingos. Quando ele não gostava de uma ideia, discutia, lutava para que não vingasse. E, depois, conseguia me persuadir. Grande Nissim.

Simone Shuba
(Educadora)

Nissim, paixão, braveza, carinho, mudança, volúvel, rápido, inteligente, olhar à frente. A última frase que ele me disse foi:
– Que bom que você está na USP.
Quanta vida, quanto amor, quanta sensibilidade, quanta sabedoria, quanta energia, quanta alegria, quanta entrega. Obrigada, Nissim.

Paco Abreu
(Educador)

O ano dos encontros Minha Vida Na Arte se encerrou com o depoimento do Nissim. Naquele dia, ele foi aconselhado pelo seu médico a se internar imediatamente. Estávamos na sala dos professores, quando ele leu os números de seus exames para o seu médico por telefone. De fato, ele estava com pouca energia até para subir as escadas para a sala dos professores. Foi um esforço gigantesco. Apesar das recomendações médicas e do seu estado de saúde, Nissim cumpriu seu encontro com os alunos. O teatro 4 estava repleto de alunos. Todos nós, professores, além da Debora e do Luciano, estávamos preocupados. Mas o encontro foi radiante. Durou 2h30min. Nissim adquiriu um energia incrível quando o encontro começou. E que encontro!

Milena M. Filócomo
(Educadora)

O Nissim foi a pessoa que me abriu duas janelas enormes para o mundo. A primeira foi em 1998, quando me deu a minha primeira personagem protagonista, no início dos meus estudos como atriz. Nesse processo também dancei meu primeiro tango. Ele me mostrou o quanto eu poderia ir longe. A segunda janela foi dez anos depois, em 2009, quando o reencontrei em um teatro. Contei a ele que havia me formado na faculdade de licenciatura em Artes Cênicas. Ele abriu um sorriso enorme e me disse:
– Vai ser professora do Macunaíma. Espero você lá.

Um mês depois, recebi um telefonema da Debora, que me disse que o seu Nissim estava me convidando para fazer o curso de formação de professores da escola. Obrigada, Nissim! Muito obrigada por ter me dado as duas grandes oportunidades da minha vida, como atriz e professora.

Ariel Moshe
(Educador)

O Nissim chegou para mim e disse que estava com uma peça de teatro em mãos. Era uma peça à qual ele assistira em Buenos Aires. Queria que eu a lesse. Li e gostei. Ele quis montar e apresentar num pequeno festival que acontecia no teatro Eugenio Kusnet, em São Paulo. Era um festival de peças de autores de língua hispânica. Foi uma delícia trabalhar, ensaiar com ele, ver suas inseguranças e questionamentos, sua energia depositada ali no palco, naquele pequeno acontecimento. O Nissim era uma criança grande divertindo-se com um prazer radiante. Poucos viram esse trabalho. No camarim, ele me perguntou se eu não havia convidado meus amigos e parentes para nos assistir. Eu lhe disse que não, que nunca chamava as pessoas para ver. Contei que a estreia era um momento meu de incerteza e preferia estar me sentindo mais completo para dividir com os amigos. Ele riu. Perguntei se ele não havia chamado a Eva, o Luciano e os amigos.

– Nem eu. Também acho que é um momento estranho – disse, gargalhando.

E ficamos ali, rindo e felizes com nosso espetáculo, feito para nós dois, para nosso deleite. Eu tenho o maior orgulho de ter dividido um palco com o Nissim.

Nissim na praia em Havana, Cuba, em 2006.

Este livro foi impresso na cidade de São Paulo,
nas oficinas da MarkPress Brasil, em dezembro de 2014,
para a Editora Perpectiva